L'INTIME

SÉRIE MUTATIONS N° 81

L'INTIME

Dirigé par
NICOLE CZECHOWSKI

AUTREMENT : 4, RUE D'ENGHIEN, 75010 PARIS.
TÉL. : (1) 47.70.12.50. FAX : 47.70.97.52

Directeur-rédacteur en chef: Henry Dougier.
Rédaction : Béatrice Ajchenbaum-Boffety. Nicole Czechowski. Richard Figuier. Maurice Lemoine. Lucette Savier. *Fabrication/Secrétariat de rédaction :* Bernadette Mercier, assistée de Hélène Dupont. *Maquette :* Patricia Chapuis. *Service financier :* Éric Moulette. *Gestion et administration :* Anne Allasseur. Agnès André. Hassina Mérabet. Christian Da Silva. *Attachée de presse :* Magalie Cornetto. *Service commercial :* Jean-François Platet.

8
ÉDITORIAL :
JOURNAL INTIME D'UN NUMÉRO
OU HISTOIRE D'UNE MADELEINE SOUS CELLOPHANE
NICOLE CZECHOWSKI

12
LA SPHÈRE ENCHANTÉE DE L'INTIME
ENTRETIEN AVEC JEAN BAUDRILLARD
(propos recueillis par Nicole Czechowski)
Quand le monde prend « une allure de profondeur » en bannissant surface et apparence.

1. *CORPS À CORPS AVEC L'INTIME*

18
UN HOMME SANS INTIMITÉ, MONOLOGUE
PHILIPPE ARBAIZAR
« Ma seule ambition : la banalité ; mon peintre favori : Mondrian ; ma phobie : les déchets... »

23
MEERDE : L'ÉCRIVAIN ET SON ŒUVRE
GÉRALD CAHEN
L'écrivain et son œuvre ; quand un gros mot comprimé dans un tiroir se dilate et vous explose au nez.

26
« Le délassement d'un peintre parisien ». Tableau de Jean Le Gac.

28
ENTRE LE TABLEAU ET LE PASSE-PARTOUT
JEAN LE GAC
Le peintre et son œuvre ; d'une minuscule surface non peinte de la toile au reste de terre dans le fond d'un pot de fleurs.

29
ONE MAN SHOW
SERGE VALETTI
Un comédien, deux spectateurs, parfaite illusion dans un air saturé.

32
LE TANGO DES BOUCHERS
EDWIGE LAMBERT
Intimité, Nous Deux, Confidences. Lecture entre gamelles et chambres froides.

37
LE SEXE PUBLIC
ENTRETIEN AVEC GRISELIDIS REAL
(propos recueillis par Isabelle Seguin)
Avec le client, c'est « comme si on jouait du piano en ayant bloqué le son... La vibration n'est pas là ».

40
LETTRES D'AMOUR
SÉLECTIONNÉES PAR CLAIRE TEILLARD D'EYRY
De Henri IV à *Libération*
Belle marquise, d'amour mourir vos beaux yeux me font.

45
HISTOIRE DE LOUISE
MICHÈLE DACHER
Parmi les vieillards voûtés, débraillés, mal rasés, Louise, phare émetteur, attirant tous les désirs.

50
VISITATION, SÉPARATION
MICHEL CRÉPU
La relation avec Dieu : un décentrement de soi, l'expérience d'une excentricité.

54
LE RELIGIEUX AU QUOTIDIEN
(propos recueillis par Nicole Czechowski)
Trois jeunes catholiques confrontées à la morale religieuse, ses lois, ses interdits, racontent.

58
LA MAIN DANS LE SAC
EXTRAITS D'UNE ÉMISSION DE NADINE VASSEUR
Quand le vol rejoint le plaisir.

61
UN DEMI-SIÈCLE SUR AGENDA
SERGE VALETTI
Ramasser toute une vie dans une poubelle, tourner la première page, et commence la folie.

2. L'INTIME SUR RENDEZ-VOUS

68
UNE RELATION PARTICULIÈRE
JACQUELINE ROUSSEAU-DUJARDIN
Ambivalence de la relation analytique faite de proximité et de distance.

75
PUDEUR ET VICE VERSA
ENTRETIEN AVEC BERNARD FONTY
(propos recueillis par Nicole Czechowski)
Dévoilée, exprimée, la nudité n'est plus intime aux yeux du gynécologue.

80
LES DEVINEMENTS DE L'ÊTRE
JOËL ANDRÉ
« Le portrait par le signal natal a tout l'arbitraire des désignations collectives. »

83 à 124
Photographies de André Kertesz, Keiichi Tahara, Pierre Molinier, Anne Testut, Yan Saudek, Pascal Dolemieux, Martine Voyeux, Françoise Huguier, Pierre Gayte, Claude Alexandre, Marlo Broekmans, Diana Blok, Larry Clark, M.A. Parkinson, Josef Sudek, Jacques Reboud.

3. LIEUX DE L'INTIME
CORPS, ESPACE, ENVELOPPES

129
DE LA SALLE COMMUNE AU BOUDOIR
ENTRETIEN AVEC MONIQUE ELEB-VIDAL
(propos recueillis par Brigitte Fitoussi)
L'architecture domestique, une histoire des mentalités.

132
UNE VIBRATION IMMATÉRIELLE
ENTRETIEN AVEC PHILIPPE STARCK
(propos recueillis par Brigitte Fitoussi)
Il conçoit des lieux publics, et fait voler en éclats l'idée d'espace intime.

134
PARCOURS DIFFÉRENTS
ENTRETIEN AVEC GAE AULENTI
(propos recueillis par Brigitte Fitoussi)
Connaître, parcourir un lieu, intérioriser notre perception.

136
LE VÊTEMENT, CORPS ET DÉCORPS
JEAN-THIERRY MAERTENS
Connivence du corps et de ses symboles à travers les codes esthétiques de la parure vestimentaire.

141
UNE SECONDE PEAU
FRANÇOISE VINCENT-RICARD
Quand le jersey se nomme désir, le chemisier épouse le corps, et le pull colle à la peau.

147
L'ODEUR DU NID
VÉRONIQUE NAHOUM-GRAPPE
Un microclimat particulier, chaud, humide ; souffles et vapeurs olfactives.

152
LE SOMMEIL PARTAGÉ
MILAN KUNDERA
Extrait de *L'Insoutenable Légèreté de l'Être.*

153
INSOUTENABLE LÉGÈRETÉ, PESANTEUR CHÉRIE
ENTRETIEN AVEC ALAIN FINKIELKRAUT
(propos recueillis par Nicole Czechowski)
Une rencontre inhabituelle : celle de Tristan et de Don Juan à travers l'œuvre de Kundera

156
LE MOURANT EST UN VIVANT
THIERRY GRILLET
Dernier souffle, dernière parole, « J'entends quelqu'un venir ».

4. L'INTIME - SPECTACLE

162
REPLI FRILEUX
BERNARD CATHELAT
Résistance passive ; se mettre à l'abri du risque, de l'aventure, des conflits. La chaleur du nid, une image d'Épinal.

168
DU DIVAN À L'ÉCRAN
ENTRETIEN AVEC SERGE LECLAIRE
(propos recueillis par Natacha Lion)
Paradoxal « Psy Show ». Perd-on son âme quand le secret est éventé ?

172
ÉROS ET PSYCHÉ AU RÉVÉLATEUR
LAURENCE CHANET

Photo érotique, pornographique ; où est la frontière ? Les « innovateurs » reviennent à la sobriété.

178
Photographies de Jeanloup Sieff

180
INTIMITÉ SOUS PRESSE
BRUNO FRAPPAT

Allô, magazine ? Bobo. Le kiosque à journaux, lieu des premières urgences et des soins gratuits...

184
ÉCHOS
ENTRETIEN AVEC MICHÈLE FITOUSSI

(propos recueillis par Nicole Czechowski)
ELLE jette « l'œil sur eux ». Portraits de stars qui font l'actualité. Où est la limite entre le journaliste et l'inquisiteur ?

187
CLICHÉS
ENTRETIEN AVEC PHILIPPE AUBÉGÈS

(propos recueillis par Claire Teillard d'Eyry)
« Gagner un million en appuyant sur un déclencheur. » Un ancien paparazzo raconte.

191
ÉCRIRE À LA PREMIÈRE PERSONNE
MICHÈLE MANCEAUX

Plaidoyer pour le journal intime. « C'est dans la parole quotidienne et anodine que se transmet l'indiscret. »

195
ÉPANCHEMENTS SUBJECTIFS
ENTRETIEN AVEC ALAIN FINKIELKRAUT

(propos recueillis par Nicole Czechowski)
Deux pôles : quand l'auteur passe aux aveux ; quand la littérature se désigne elle-même.

197
« LE FANTÔME DE SARTRE M'A CASSÉ LE BRAS ! »
ENTRETIEN AVEC ANNIE COHEN-SOLAL

(propos recueillis par Jean-Marc Terrasse)
Il n'y a pas d'un côté le très noble de l'œuvre littéraire, et de l'autre, le vulgaire du contexte affectif ou intime. Tout est étroitement lié.

201
« IL Y A DE GAULLE, IL N'Y A PAS CHARLES »
ENTRETIEN AVEC JEAN LACOUTURE

(propos recueillis par Jean-Luc Pinard-Legry)
Quand le biographe s'attaque aux sommets. « Ce monsieur n'a pas pris la dimension du personnage. » De Gaulle.

JOURNAL INTIME D'UN NUMÉRO OU HISTOIRE D'UNE MADELEINE SOUS CELLOPHANE

Petit journal intime. Fragments soigneusement censurés. Je triche ? C'est le jeu.

Janvier 1985 : suis animée depuis quelque temps déjà par une passion pour les voiles ; tous excepté celles du voilier trop rigides. Voile de la mariée, de la religieuse, de la femme arabe, de la strip-teaseuse ; chapeaux à voilette, chevelure, larmes, fumée. Je collecte, je réunis, j'associe. J'accumule. Boulimie dévorante et suspecte.

Rencontre avec Gaétan de Clérambault mort en 1934. Personnage double et ambigu ; neuropsychiatre à la préfecture de police, il s'intéressa à la névrose des étoffes chez la femme, et se consacra à une interminable recherche sur les drapés de par le monde. Homme minutieux, obsessionnel, brûlant sous une écorce glaciaire.

Autant que le voile, me fascine le geste qui consiste à l'ôter, à le soulever : dévoilements successifs à la recherche de l'objet qui toujours se dérobe, et s'échappant ainsi nous anime.

J'aime le voile pour sa légèreté, pour les jeux qu'il nous suggère, pour sa transparence et son opacité.

Mai 1985 : Autrement *s'intéresse depuis longtemps au domaine du privé : le couple, la famille, les célibataires, l'amitié. Privé parfois intime, l'un et l'autre étant liés mais non synonymes.*

A propos, avez-vous déjà emprunté une voie intime, réuni des amis privés ou fréquenté une école intime ? L'intime se situe dans la sphère du privé, mais ce dernier n'est pas toujours intime. Pour s'en convaincre il suffit d'observer les relations au sein du « cercle de famille » lieu du privé par excellence.

Du privé à l'intime ; des voiles à l'intime.

Les chemins convergent.

Traiter un tel sujet est une entreprise périlleuse et délicate parce que c'est une valeur à laquelle nous sommes d'emblée attachés, sans vraiment savoir la définir. Nous touchons là un domaine dont le charme réside précisément dans cette absence de définition, dans le flou, l'ambiguïté. Il n'y a rien à prouver, rien à démontrer.

Pour traduire les effets de la lumière et du vent, les impressionnistes juxtaposèrent des touches de couleurs différentes. De cette

PAR NICOLE CZECHOWSKI

fragmentation jaillit l'impression d'ensemble. Jamais ils ne cherchèrent à figer l'immatériel, le fugitif. L'intime est fait de cette même matière. A défaut de le circonscrire, contournons-le, procédons par déductions, par associations, par « petites touches ».

Chacun dans sa singularité apporte sa propre interprétation de l'intime. Un point commun parmi ces réflexions, il se traduit toujours en termes spatiaux : le plus profond, l'intérieur, l'entre-deux, la frontière entre soi et le monde... Proximité et distance, espace à préserver. L'idée du viol revient constamment.

Quels sont ces dangers qui porteraient atteinte à l'intime ? Au moment où l'on assiste à son retour « en force », sur la scène sociale (est-ce bien sa place ?), jamais il ne fut plus menacé. Les idéologies collectives ne remplissent plus les salles ni les esprits, nous consommons de l'intime tous azimuts ; on nous délivre conseils et mode d'emploi destinés à une bonne « gestion » de notre intimité. Notre corps, notre maison, nos amours, nos souffrances sont devenus objets de spectacle. L'intime mis à nu, modélisé ; ce qu'il y a de plus subjectif, de singulier en nous, ne peut s'accommoder d'un tel traitement : rassurons-nous, il ne s'agit pas du vrai (celui dont nous ne savons pas ce qu'il est), mais de sa propre parodie. Restons toutefois vigilants ; à trop le simuler, le manipuler, il risque fort de s'évanouir, laissant à sa place son double, le perverti, l'inverti, le faux devenu vrai.

Si l'intime est une valeur subjective, elle est aussi relative ; nous avons choisi de l'explorer dans notre culture, mais gardons à l'esprit que le sens qui lui est attribué varie en d'autres points du globe.

A cerner l'intime à travers des écrits, témoignages et réflexions, il s'opère un renversement : c'est désormais lui qui me cerne. Je perçois le monde à travers son filtre ; illusion d'optique peut-être, qui tient aussi à la nature du sujet. Tout peut être qualifié d'intime ou bien l'inverse ; ce qui est intime pour moi ne l'est pas nécessairement pour vous. La maison, le foyer sont considérés comme des lieux intimes. Architectes et décorateurs sont parfois chargés d'accentuer ce caractère : lumières tamisées, couleurs chaudes, coins et recoins.

Vive les clichés ! Où est l'intime dans ce décor ? Association immédiate : l'intime, c'est le corps, le sexe et surtout l'amour. Oui et non ; peut-être.

Quel corps ? Quel amour ?

Relation tissée au fil du temps où l'un finit par se confondre dans l'autre ? Jeux érotiques des corps qui se reconnaissent et se découvrent encore ?

Corps lisses intouchés ? Corps vieillis, marqués ? Vêtus ou dévêtus ?

Les questions se déroulent à l'infini.

Chacun y répond, se mettant à distance ou s'engageant plus directement. Aux auteurs de ce numéro outre leur article, j'ai demandé d'exprimer en quelques lignes leur vision personnelle de l'intime ; autrement dit, il s'agissait de coucher par écrit une bribe de leur intimité, celle que l'on choisit ou non de dévoiler. A ce jeu beaucoup ne se sont pas prêtés. Résistances, pudeur ou refus délibéré. Au-delà de cette limite votre billet n'est plus valable.

Parmi les réponses, en voici deux qui me touchèrent pour leur art de faire jouer l'intime entre les lignes :

« Est intime pour moi ce que je désire très fort. Par exemple quand je désire la lune, j'écris le mot lune sur un bout de papier et je le mets dans ma poche. Évidemment, personne dans la rue ne s'en doute. Mais moi, je sais alors que je me promène avec la lune dans ma poche ». Gérald Cahen.

« Mon intimité ne se dissimule pas au fond de moi-même. D'ailleurs avec Valéry, je crois que la peau représente ce qu'il y a de plus profond dans l'homme ; ainsi est-ce dans ce que j'exhibe qu'il faut chercher ma plus secrète intimité ; une façon comme une autre de dissimuler sans avoir recours au mensonge... ». Philippe Arbaizar.

Quant à moi qui fut l'instigatrice de ce « jeu de la vérité », je ne saurais y jouer dans les règles. En termes voilés, je m'y suis livrée en dévoilant ma passion des voiles...

J'emprunte à Michel Serres cette réflexion où, évoquant un tableau de Bonnard, il dit ce qui pour moi est intime : « Sentir se former autour de soi cette membrane, ce tissu invisible. Et le retirer doucement avec tact et délicatesse de ce couloir laminé entre peau et chose, l'étirer, le déplier, l'étaler, l'exposer, l'aplanir, lisser lentement ce voile ténu, cosmique au jardin, cosmétique sur la peau de la Belle Noiseuse sortie du bain, surtout ne pas déchirer le voile, voici la toile[1]*. »*

Mars 1986 : Le numéro touche à sa fin, impression troublante ; il y aurait encore tant à dire, ou au contraire, il fallait se limiter à l'essentiel ; mais comment le discerner ? L'essentiel aime à passer inaperçu, à se dissimuler dans les détails « anodins » : une odeur, un regard capté, un visage assoupi, un éclat de rire. Présents et fugitifs, si proches du mirage.

Ce qu'éprouva Proust au contact de la madeleine était intime au moment même de la sensation ; il la traduisit avec des mots, puis vinrent les lecteurs, et la madeleine entra dans la légende. Dans un grand hôtel où Proust avait coutume de séjourner, des amis me racontèrent récemment qu'on leur servit au petit déjeuner une madeleine sous cellophane. Cette anecdote pourrait s'intituler « Dissolution progressive de l'intime ». Du « corps à corps » au « spectacle », empruntons cet itinéraire ; en fin de parcours, l'intime sous le feu des projecteurs a depuis longtemps tiré sa révérence.

Afin de vous orienter dans ce labyrinthe, suivez le fil d'Ariane : le numéro s'ouvre sur le plus subjectif, « Corps à corps avec l'intime », suite de témoignages personnels. Dans le second chapitre, « L'intime sur rendez-vous », une psychanalyste, un médecin gynécologue et un astrologue s'interrogent sur ce qui se joue d'intime dans le cadre de leur pratique. « Les lieux de l'intime » traite de l'espace de la maison, du corps vêtu, odorant, assoupi, aimant, érotique, et du corps mourant. Enfin « L'intime spectacle » pose le problème de ce qu'il advient de l'intime lorsqu'il est divulgué à travers les médias : télévision, presse, photographie, littérature.

1. Michel Serres, *Les Cinq Sens*, Grasset, 1985.

ENTRETIEN AVEC JEAN BAUDRILLARD

LA SPHÈRE ENCHANTÉE DE L'INTIME

« NOUS NE CROYONS PAS QUE LA VÉRITÉ RESTE LA VÉRITÉ QUAND ON LUI ENLÈVE SON VOILE », ÉCRIVAIT NIETZSCHE. QU'ADVIENT-IL DE L'INTIME LORSQU'IL EST DÉVOILÉ, LORSQUE LE SECRET EST LEVÉ ? Y AURAIT-IL EN NOUS UNE PROFONDEUR CACHÉE QUI SERAIT DU CÔTÉ DE LA VÉRITÉ, ET UN AUTRE PÔLE, CELUI DE L'APPARENCE ? DANS CETTE DUALITÉ, OÙ SE SITUERAIT L'INTIME ? JEAN BAUDRILLARD[1] EXPLORE « LA SPHÈRE ENCHANTÉE » DE L'INTIME, CETTE « COMPLICITÉ DOUCE », DANS SON RAPPORT AU SECRET ET À L'APPARENCE.

L'apparence se situe du côté de la surface, de la métamorphose, des signes, alors que l'intime serait plutôt un univers de substance, moins visible ; en ce sens il n'y a pas grande affinité entre les deux. Mais l'intime n'est pas non plus du côté de la vérité ; d'ailleurs, qu'y a-t-il de ce côté-là, pas grand-chose. L'intime se partage, contrairement à la vérité.

Une vérité laisserait chacun seul avec soi-même dans une contemplation absolue. La possibilité d'échange, c'est le fait que les choses ne s'achèvent pas avec leur vérité, qu'elles sont interminablement prises dans un labyrinthe de signes, de simulacres, de leurres. Si vous détenez la vérité, cela vous suffit, vous êtes Dieu, il n'y a donc rien à partager.

L'intime lui, est l'objet d'un échange symbolique de soi à soi au minimum, d'un partage dans l'unicité ou la dualité. Ce n'est ni l'intériorisation absolue des choses, ni la confusion totale de soi et de soi. L'intime n'est pas pure effusion interne.

Proche de l'intime à maints égards, il y a le secret qui lui aussi se partage. Secret ne signifie pas rétention d'information ; il n'y a là rien à cacher donc rien à transgresser, mais une série de signes elliptiques, non signifiants, qui échappent à la visibilité. Le secret ne peut être dit car il n'est pas de l'ordre de l'expression. En cela il se différencie du refoulé, car ce qui est caché ne demande qu'à devenir visible, excitant ainsi curiosité et désir de connaissance ; mais là, point de partage. Autour du secret s'établit une complicité, une relation, mais une relation dénuée de sens, quelque chose qui affleure à la conscience, à la conscience de soi, un sens allusif.

On peut donc dire que l'intimité est une complicité par-devers soi, en deçà des autres mais c'est aussi un jeu de miroirs car il n'y a pas plus de profondeur que de vérité absolue. La profondeur est un leurre, un effet. Pourquoi la profondeur est-elle devenue signe de fondement ? C'est toute une métaphysique occidentale construite à l'aide de concepts. Aucune autre société ne connaissait cette notion de vérité, de fondement.

Quand commence à se construire toute cette métaphysique du sujet[2], tout ce bannissement de la surface, quand l'âge d'or de la séduction se termine juste à ce moment-là, à la fin du XVIIIe siècle, les individus, les choses, le monde commencent à prendre une « allure de profondeur ». On s'engage alors vers une zone d'ombre, moins solaire, moins séductrice, avec moins de charme aussi. Il y a du charme à l'intimité, mais aussi une morale, une morale de la profondeur qui consiste à préserver une espèce d'essence, tout individu étant censé être doué d'une essence intérieure ; il s'agit là d'un simulacre, d'une construction qui prend force de vérité : chaque individu est dressé à s'inventer une profondeur, une vérité de l'être.

La profondeur absolue est un mirage ; si elle existait, on y tomberait et on y resterait.

UNE ALLUSION PROVOCANTE

L'intimité semble tracer une sphère enchantée, qui serait celle du sujet avec ses affects, ses pensées, son discours intérieur ; mais en réalité, c'est un jeu de miroirs, de dédoublement et de complicité avec soi-même et avec quelqu'un ou quelque chose d'autre.

C'est aussi une façon de leurrer les autres ; cette profondeur n'est peut-être là que pour séduire l'autre, pour le faire rêver à ce que serait cette intimité. L'intimité est faite pour être violée ; c'est une sphère protégée qui n'est pas sans perversité, une allusion provocante à venir la violer. Ce n'est pas forcément un viol avec effraction, cela peut être une invitation à rentrer dans son fief, une complicité, donc un jeu de séduction au bon sens du terme.

La séduction au sens extrême, qui met en scène la « séductrice sorcière », cherche à dissoudre tout ce qui de l'autre pourrait prendre forme parce que ça lui résiste ; séduire à ce moment-là, c'est détourner, mener à la mort, il faut que l'autre soit exproprié, qu'il perde le sens de son intérêt, de son plaisir, de ses désirs. Cette figure-là qui est proche du stéréotype, n'a pas d'intimité, sinon elle ne pourrait pas développer toute cette stratégie. Pour séduire dans ce sens, il faut abolir une certaine profondeur, ne plus tenir compte des sentiments, jouer un autre jeu des apparences. Il n'y a pas là de frivolité ; l'enjeu est énorme, même si ce n'est plus celui de l'être propre, de l'âme ou du désir.

Il y a une séduction plus complice, moins maléfique. Tout peut devenir argument de séduction, même ce qui s'y oppose, même l'obscène. L'intimité peut en être ; elle présente alors un autre versant, une zone non exclusive, qui doit pouvoir toujours être mise en jeu.

Il y a aussi l'intimité à deux ; la séduction y est moins intense mais ne peut être abandonnée, car rien ne subsisterait. L'amour, la tendresse, le désir ne résistent pas à l'absence de séduction. Là intervient la dimension du secret ; quand il n'y a plus rien à deviner, il est difficile d'évaluer ce qui reste, peut-être de la symbiose mais pas de l'intimité puisqu'elle exige une distance relative.

L'intimité est un simulacre de profondeur fait pour jouer en surface pour quelqu'un d'autre dans la distance définie par l'espace symbolique qui nous entoure. Celui-ci est difficilement déplaçable ; si cette intimité-là était fracassée, ce serait la psychose : ne plus se sentir, être dépossédé de soi. Pour qu'un corps existe, une certaine distance est nécessaire ; pour avoir une intimité, il faut être légèrement à distance y compris de soi-même, car trop se confondre avec soi est le signe d'affections psychiques graves. En ce sens, l'intimité serait une qualité de l'être.

Ce qui menace l'intimité dans nos sociétés, ce n'est pas tant la promiscuité que la transparence ; ainsi on peut la définir négativement : c'est ce dont on est privé par la transparence des flux, la circulation indéfinie des choses, l'accélération des systèmes, la communication qui, au sens moderne du terme, exclut l'intimité. Il s'agit de toujours être branché, en contact ; or pour être dans sa propre intimité, il faut avoir cette possibilité d'être hors circuit, « débranché ». Cette communication à tout prix me semble être meurtrière. Il y a plusieurs menaces, celle du viol, plus traditionnelle, perte d'intimité par une violence visible, spectaculaire, et l'autre plus pernicieuse. L'intimité est assez subtile, puisqu'on doit ne pas vouloir la forcer, mais qu'on ne peut pas trop la mobiliser, la faire circuler. Ce n'est ni une fermeture ni une clôture, elle doit pouvoir se partager par un discours complice. L'exhiber, exprimer la « vérité nue », c'est la pornographie totale.

VERSION SOUS-TITRÉE

De la même façon qu'on a redécouvert la quotidienneté au moment où l'histoire commençait à battre de l'aile, on redécouvre maintenant l'intime. Cette réinjection d'intimité parce que le reste fait défaut, est une intimité très idéologisée ; ce n'est plus un jeu, une scène ou un simulacre esthétique presque dramatique, c'est un simulacre idéologique. On voit revenir une espèce de sentimentalité tous azimuts, une réactivation sentimentale des valeurs perdues, le néo-romantisme, la nouvelle affectivité, « la passion à l'ordre du jour ». Tout est repris en main par les médias ; il ne s'agit plus d'intimité, d'amour, d'affectivité mais de leur modèle. Ce n'est pas l'original mais la version sous-titrée, modèle de simulation d'un univers publicitaire. L'inverse de l'intime n'est pas le public, c'est le publicitaire. Dans ce monde refait « à l'image de », il y a des images mais pas d'imaginaire ; le secret et la scène en sont perdus. Nous sommes là en pleine hallucination des choses. Médiatiser l'intime constitue un paradoxe ; pratiquer l'intimité comme on ferait du jogging, c'est se brancher.

La notion de privé est également à l'ordre du jour ; il faut éviter toute confusion entre le privé et l'intime. Littéralement, le privé, c'est celui qui est chassé de la collectivité, laissé à l'abandon, privé de. La propriété privée est une notion culturellement restrictive, elle s'oppose au domaine public : je me garde des autres, je protège mon bien. Elle est liée aux objets, ou à la relation aux autres comme la famille ; c'est déjà un territoire marqué. On peut définir le privé, c'est un terme fort, contrairement à l'intime plus subtil, plus fin, une ambiance.

L'intime n'est ni un concept ni une notion théorique, c'est un mot chargé d'affect, de vécu. On pense à la petite logistique quotidienne de l'intimité : il est difficile d'écrire si quelqu'un est dans la pièce, si on tourne le dos à la porte, etc. Il y a aussi tous les soins du corps ; quand une femme se maquille, elle aime rarement être vue. Elle est tout entière extravertie, dans une espèce d'exhibition de son propre visage ; elle fait cela selon des modèles imposés tout en étant en intimité totale avec son corps et son apparence ; c'est complètement truqué, et original, les deux à la fois. Ainsi sont les situations vraiment intéressantes : celles qu'on n'arrive pas à situer d'un seul côté. Où est la vérité ? Si l'on n'a une position morale ou vertueuse, il est impossible de répondre ; c'est ce qui est beau.

L'intime est quelque chose de doux, de poétique, dont on aurait éliminé la violence de l'extériorité, de l'objectivité, de la vérité, un partage, une complicité en douceur. Nous sommes là dans un registre modérateur. C'est un jeu dénué de règles. Dans les manuels de savoir-vivre, il y a des règles concernant la pudeur, mais nul chapitre indiquant comment se conduire dans l'intimité. L'intime échappe au savoir-vivre, mais pas à l'art de vivre...

Il s'exprime par quelque chose qui n'est pas le sens, par le silence, la discrétion, le non-sens.

propos recueillis par
NICOLE CZECHOWSKI

---

1. **Philosophe, *De la séduction*, Éd. Galilée, 1979.**
2. **Le sujet à la recherche de son être propre devient opérateur et transformateur du monde.**

L'intime ne se livre pas comme une matière brute. Épanchements, révélations ou mises à nu en donneraient une image pervertie et obscène.

Récits personnels où chacun raconte un fragment de son histoire, ne levant qu'un coin du voile : jeu des métaphores, mise en scène. La passion de l'écrivain devient alors l'histoire d'un « gros mot », celle du peintre, une poignée de terre dans le fond d'un pot de fleurs, le corps de la prostituée se transforme en instrument de musique. En filigrane apparaît l'intime vécu dans ce « corps à corps » qui ne saurait laisser indemne.

Suivons ce parcours sinueux où la voix du comédien côtoie celle du mystique, du cleptomane et d'autres encore ; l'intime se situe là où nous le désignons, là où nous mettons du sens.

1

CORPS À CORPS AVEC L'INTIME

PHILIPPE ARBAIZAR

UN HOMME SANS INTIMITÉ

MONOLOGUE

Non, je ne me dérobe pas. J'ai effectivement dit que j'étais un homme sans intimité... mais en vous voyant brancher ce magnétophone je me suis troublé.

Le temps de disposer la cassette, le fil de mes idées s'est rompu. Il y a eu un blanc, la nuit a coulé en moi et m'a entraîné dans le doute ; pour un instant seulement.

Vous devez comprendre que je ne peux expliquer ce défaut d'intimité... Rechercher pourquoi il en est ainsi me ferait accéder à ce domaine, à cette intimité que vous percevez là où je ne vois qu'une steppe aride.

Me suivez-vous ? Vous voulez me faire parler de moi et mettre tout ça sur le compte de ce mirage intérieur... Vous perdez votre temps.

Tenez, prenez la confession. J'ai été élevé dans la religion catholique et je me rappelle très clairement mon angoisse quand le prêtre me laissait seul dans la nef de la cathédrale pour rassembler mes péchés. Je me recueillais, je rentrais en moi-même... j'essayais et merde je ne trouvais rien, pas le moindre péché... la vie s'était écoulée sans laisser de traces. J'étais terrorisé en voyant approcher le moment d'aller vider mon sac ; j'avais beau tourner et retourner les jours et les nuits de la semaine, je ne pouvais rien en tirer, ils s'étaient écoulés sans m'affecter réellement. Je me trouvais dans le plus grand embarras ; celui qui me précédait restait longtemps... Je lui enviais ses péchés. Je paniquais, aussi pour m'en sortir le plus simple n'était-il pas d'inventer ? Je m'attribuais quelques fautes, quelques-unes de ces actions qui tourmentaient mes camarades et dont heureusement ils soulageaient leur conscience en me les contant. N'ayant aucun sentiment de culpabilité j'avançais dans mes aveux à l'aveuglette. Je ne voulais me distinguer ni en bien ni en mal. La banalité était ma seule ambition ; la désobéissance, quelques péchés de gourmandise, quelques gros mots, un devoir mal fait... le compte y était-il ? Comment savoir ? Traversés par le regard aigu du prêtre, mes copains avouaient peut-être des choses que je ne soupçonnais pas, rêves troubles, mort de leurs parents, attouchements de leur cousine. Je me retenais pour m'en tirer avec quelques « Je vous salue Marie... » vite expédiés, il faisait froid, humide, et je n'avais aucun sens religieux.

Si je pouvais me passer de la religion et si je me fichais de faire pénitence comme de colin-tampon, la découverte de ce vide intérieur me causait quelques inquiétudes, d'autant plus qu'il perturbait ma vie sociale ; à l'occasion de rencontres banales, une simple question, « Qu'as-tu fait ces derniers temps ? » suffisait à me plonger dans le plus grand embarras. Que répondre ? Je réfléchis, je m'épuise en efforts pour essayer de sortir une phrase, un mot, une simple formule... J'ai l'impression de chuter dans un trou d'air. Ne croyez pas que le quidam m'ait pris au dépourvu... il en va toujours ainsi. La surprise passée, la réponse ne viendra pas pour autant. Un froid glacial m'aura envahi, un malaise. Encore une fois je me raccroche à ce que je peux entendre autour de moi à longueur de journée. Je bafouille quelques « Ça va, ça va... merci... ». Les meilleurs jours j'évoque le temps, la télé, le travail... mais tout cela en termes si généraux, tellement impersonnels que mon interlocuteur se lasse. Très rapidement il est distrait, parfois il se détourne ou s'il reprend la parole... je le laisse faire... j'écoute... j'en prends de la graine... j'aime bien ça, les histoires des autres. Ces récits me donnent un semblant de vie intérieure. Mais ne triomphez pas trop vite... sous la pression de l'ambiance générale, je suis bien obligé de croire à cette intimité... tout en lui restant étranger.

UNE CARAPACE DE CYNIQUE

Adolescent, j'éprouvais une mâle fierté en échappant aux mille cachoteries, à ce règne du secret qui a cours dans tous les collèges. Malheureusement j'ai très vite découvert le privilège que notre culture accorde à ce qui demeure caché, intime... tout ce qui est indicible mais aspire à la parole... la richesse intérieure contre les signes extérieurs de richesse...

Quand le temps de mes études est arrivé, en économie politique, je m'étais fabriqué une carapace de cynique. Plus tard, en plaisantant, je résumais d'une phrase le sujet de ma thèse : « A quoi bon une richesse qui ne se montre pas ? » En 1969, c'était original, autour de moi on préférait travailler sur la Chine ou Cuba.

Mais cela m'a encore éloigné de mes rares amis... Je suis devenu un vrai solitaire... J'ai alors connu une crise... Je me suis mis à rechercher les lieux publics... les seuls qui permettent à une personne seule de tenir... quand on n'a ni ami ni famille, quand on n'a plus rien, dans une ville inconnue, on peut continuer à vivre en suivant le troupeau... par mimétisme. Les jardins publics sont vraiment des endroits merveilleux. On peut s'y promener, s'asseoir sur un banc, engager la conversation avec ses voisins sans paraître anormal, sans passer pour un satyre... Essayez dans le métro ; pas possible.

Les bibliothèques sont également un refuge pour tous ces meurtris, on peut y tromper sa solitude sans en avoir l'air... La grande poste, les gares sont nettement moins agréables même si elles sont plus animées.

Je vous vois sourire... je devine votre pensée... Non, cette crise morale momentanée n'était pas liée à une histoire amoureuse. Seules des raisons extérieures m'avaient perturbé : chômage, échec de projets financiers... C'est tout... n'allez pas chercher plus loin. J'ignore tout des sentiments, je n'ai jamais aimé... Mes parents ? Certes, ils m'étaient chers, mais je les ai vus disparaître sans chagrin excessif... Quelques liaisons bien sûr, mais aucune passion... des rencontres de hasard... et ce que vous pouvez imaginer ; ce que je cherche peut s'acheter.

Sans doute déduirez-vous de la pauvreté, l'extrême pauvreté, de ma vie sentimentale mon indifférence à la vie culturelle.

Ah ! Vous voulez des noms, des exemples. Pour votre enquête, je comprends...

En peinture, Mondrian est le seul à trouver grâce à mes yeux... Je déteste tous les barbouillages qu'on peut voir actuellement. Je n'ai jamais mis les pieds dans une salle de concert ou à l'Opéra... On m'a dit que la musique s'écoute les yeux fermés, avec recueillement... De même en ce qui concerne la poésie, je suis totalement ignorant... à une exception près et cela me suffit : Pessoa, vous connaissez ? Un poète portugais que j'ai découvert par hasard lors d'un séjour à Lisbonne...

Les romans... J'admire Malraux et je mettrais bien une de ses phrases en exergue de ma vie : « Que m'importe ce qui n'importe qu'à moi... » Il faudrait que je cite aussi T.E. Lawrence, le dégoût de la sexualité...

Vous voyez, c'est peu... Je préfère les ouvrages de stratégie, les manuels d'échecs... la lecture des journaux me prend beaucoup de temps.

Et si vous ajoutez les sports, vous avez mes loisirs au complet. Tous les matins, dès 7 heures, je plonge dans la piscine... quel que soit le temps, je nage pendant une heure ; ne comptez pas sur moi pour les grasses matinées ou de tendres petits déjeuners. Je pilote également sur circuit... Tourner sans corps, sans âme... une tête aux commandes d'un moteur... Je recherche des activités qui exigent l'absence d'émotion, leur parfaite maîtrise, celles qui se pratiquent la tête froide... Je déteste les sports trop lyriques, la bicyclette, la voile...

Je vis actuellement à l'hôtel car je suis incapable de louer un studio, de choisir des meubles... Je préfère le décor anonyme d'une chambre meublée. J'ignore ce que l'on entend par « chez-soi »... ces termes susciteraient même de la répulsion. Je dois vous avouer que les périodes les plus heureuses de ma vie se sont déroulées dans des appartements qui m'étaient prêtés pour quelques semaines. En été, je profite encore des demeures dont les propriétaires sont absents pour les vacances. Ça les rassure de savoir leur maison occupée, puis je nourris les chats, arrose les plantes.

Ce sont des vacances à ma façon. J'ai alors l'impression d'avoir une intimité... quelque chose qui m'appartienne en propre... mais avec le retour des véritables habitants tout rentre dans l'ordre et cela m'est retiré... Je n'éprouve aucun chagrin, je ne m'attache pas... Le lendemain je suis de retour à l'hôtel ou chez quelqu'un d'autre... une nouvelle intimité commence. Mais certains intérieurs me sont parfois obscènes. Oui, l'intimité des locataires me saute aux yeux... la façon dont l'espace est utilisé les dévoile totalement... je devine leurs gestes les plus intimes. Leurs pas. Je ne saurais vous expliquer, c'est quelque chose d'intuitif ; dès que je pénètre dans une maison je sais à quoi m'en tenir.

J'appréhende facilement l'intimité d'autrui à partir de son logement. C'est là qu'elle éclate avec le plus d'évidence. Certains disent que la façon de s'habiller nous trahit. J'essaie d'être le plus neutre possible... La plupart du temps je m'en remets au vendeur. Laissez-moi vous raconter une anecdote. Alors que j'étais interne au lycée j'ai eu besoin de chaussures. Ordinairement, mes parents présidaient à ces achats. Je devais avoir seize ans, un âge où on est fixé sur ce que l'on veut porter. Ce n'était pas mon cas ; je suis entré dans la première boutique de souliers que j'ai rencontrée. Mon tour venu j'ai demandé au vendeur une paire de chaussures, n'importe laquelle pourvu qu'elle ne me blesse pas... Un peu interloqué, le commerçant a été chercher plusieurs boîtes ; sans hésiter j'ai acheté la première paire dans laquelle je me suis senti bien. J'agis aujourd'hui avec plus de diplomatie. Je suis presque toujours habillé comme vous me voyez actuellement : des vêtements classiques, sans fantaisie ; pas de couleurs voyantes, bleu, gris ; la sobriété avant tout.

Les personnes qui m'approchent sont déroutées par l'absence d'arrière-plan ; on m'a dit une fois que je n'étais qu'une façade... C'est possible.

Certains sont choqués de ne pas trouver les replis, les gouffres et les abîmes qui font les délices de tous les professionnels de l'intériorité... Oui, vous avez deviné, je déteste cordialement tout ce qui est psy-...

D'autres sont effrayés, ils me prennent pour une machine, un robot, un ordinateur... Ah ! Un vieux rêve... s'il m'arrivait de rêver...

Pourquoi ouvrir d'aussi grands yeux... Vous m'avez demandé la plus grande franchise... je vous dis que je ne rêve pas. Mon sommeil n'a jamais connu les mille péripéties que certains racontent... Ne croyez-vous pas qu'ils exagèrent parfois ? J'imagine cela comme le cinéma, est-ce que je me trompe ? Qu'est-ce que j'aimerais connaître des aventures en dormant ! Je pourrais me rêver en machine ! Une machine qui fonctionnerait sans ratés ni pollution...

Oui, j'ai la phobie des déchets... je descends la poubelle quatre fois par jour et quand je fumais je vidais le cendrier dès le premier mégot. L'intimité me fait immanquablement penser à un linge souillé, à quelque chose qui n'est pas très propre... vous savez les coins difficilement accessibles et que néglige le lave-pont... peu à peu la saleté s'y accumule... de drôles de choses s'y développent.

Vous trouvez que je suis de mauvaise foi, que je dissimule... Hein ? Que je refoule ma sensibilité... Vous avez lu Freud, je vois, vous appartenez à la génération des années 60... tout le calvaire que j'ai connu... 1960-1970, les années noires... il fallait aimer, désirer... il n'y avait que ça... freudo-marxiste... et des tombereaux d'intimité étaient déversés sur la place publique... Les choses se sont calmées aujourd'hui... les libérateurs du sexe ont sombré dans l'ennui.

Mais je ne voudrais pas que vous me quittiez fâchée... je dois être honnête avec vous, vous m'avez fait confiance et vous m'avez laissé parler. Je veux pour terminer vous raconter ce qui m'est arrivé pas plus tard qu'il y a quinze jours.

J'étais parti seul faire de l'escalade dans les Pyrénées. Je devais parcourir plusieurs kilomètres, passer trois cols et attaquer une paroi pour accéder à un sommet. C'était une course facile, un amusement qui réclamait cependant toute mon attention. J'étais parvenu à la moitié de l'ascension quand quelque chose se brisa en moi... comme une avalanche mais rien ne se passait apparemment, le ciel était bleu, pas un bruit, la météo ne prévoyait aucune intempérie, la température ni trop froide ni trop chaude... Du paysage se dégageait un intense sentiment de paix... une petite brise, une caresse courait le long de la falaise... et malgré ce calme j'avais la sensation de vivre une avalanche...

Je ne m'explique pas pourquoi tout s'est brisé à ce moment-là mais c'est au-dessus de la vallée d'Ossau, près du ciel, que toute ma conception du monde s'est effondrée. Tout ce que je viens de vous dire est périmé... ma vie n'a plus de sens... cette représentation, que j'avais formée peu à peu a volé en morceaux... une nuit étrange m'entoure dans laquelle je dois tout réinventer. Tout ce que je pourrais vous dire vous semblera banal puisque vous vivez depuis des années au contact de l'intimité alors que je viens de la découvrir. J'ai du mal à m'y faire... Durant les escalades suivantes la montagne me semblait un être intime... ce rocher auquel j'étais agrippé m'est apparu comme ma réalité interne... l'extériorité disparaissait en moi. Le monde n'était plus qu'une façon pour mon intériorité d'exister.

PHILIPPE ARBAIZAR
Écrivain

GÉRALD CAHEN

MEERDE :

L'ÉCRIVAIN ET SON ŒUVRE

Aujourd'hui j'ai dit un gros mot. Mon papa il a dit comme ça que puisque j'avais dit un gros mot on me laverait la bouche avec du savon. Mon papa il est bête s'il croit que ça va le faire partir, s'il croit que c'est comme ça qu'on va l'effacer. Le gros mot qui est dit il est dit, il est à moi, on ne peut plus me l'enlever. D'ailleurs Maman a eu beau me frotter les dents avec du Marseille, tu parles ! plus elle frottait, plus ça revenait... *Meerde Meerde Meerde !..* ça se répétait tout seul au fond de moi, oui ! voilà tout ce qu'elle a réussi, celle-là, avec son frottage !.. Même qu'après, quand elle a eu fini, ça me trottait encore dans la tête, je pouvais plus m'en débarrasser. Alors je suis monté dans ma chambre, j'ai pris une belle feuille de papier bien blanche et j'ai écrit dessus en gros, en hénaurmes caractères : *MEERDE.* C'est pas pour me vanter, mais ça faisait un de ces effets... j'en avais le cœur qui battait. J'ai accroché ma jolie feuille au mur, juste à côté de la fenêtre et je suis resté longtemps longtemps à la regarder... Pour être franc, j'étais à la fois fier de moi mais quand même pas très rassuré. Parce que maintenant que c'était écrit, je pouvais plus raconter d'histoires, mettre ça sur le compte de la langue (ça arrive, ça, que la langue « dérape »... qu'elle glisse sans qu'on s'aperçoive...). Et de leur côté, les grandes personnes, elles non plus, elles pouvaient plus faire mine de rien, celles qui avaient pas entendu... Non, c'était là et bien là. En toutes lettres ! On était tous engagés, tous impliqués par ce mot. Je le regardais devant moi sur le mur, et lui aussi, la vache ! lui aussi, à sa manière, il me « fixait ». C'en était même intimidant tellement il me « fixait » sans arrêt, je songeais que si quelqu'un entrait pile ! juste à ce moment dans la pièce, sûr qu'il allait être « fixé » également... sûr et certain !.. et si jamais ce « quelqu'un » c'était papa et maman... aïe ! aïe ! aïe ! ça allait faire du vilain !.. Et en même temps, mon mot, j'avais pourtant bien envie de le montrer : ça me démangeait vraiment beaucoup... Parce qu'un mot comme celui-là, quand on le garde trop longtemps pour soi, ça peut devenir dangereux... il se met à grossir, grossir... et ensuite il prend toute la place... ensuite il vous envahit... Bien sûr, vous me direz, si on a par trop peur de lui, y a qu'à le fourrer dans un tiroir et puis fermer le tiroir à clé... mais je me méfie : c'est pas si simple : si c'est vraiment un très gros mot, tiroir, pas tiroir, c'est pas ça qui va l'arrêter... il pousse, il pousse, c'est comme un gaz... plus on le comprime, plus il se dilate... et à la fin, dame ! il éclate... à la fin, il essplose au nez !.. Alors moi, pour pas que ça m'arrive, je suis sorti un peu faire un tour. Oh j'ai pas été loin... je suis entré juste à côté, dans la chambre de ma frangine. Penses-tu ! elle faisait ses maths, cette idiote (ou elle essayait, en tout cas). Elle se balançait sur sa chaise en mâchonnant un vieux crayon... J'y ai dit : « Lucette, viens donc voir ce que j'ai écrit... je suis sûr que ça va te plaire !... » Pour être honnête, elle avait pas réellement envie, elle était dans son équation, il a fallu que je la tire... Mais ensuite, quand elle est venue, quand elle a vu mon beau papier, elle a très très mal réagi, elle a fait : « Dis, t'as pas assez de répéter tes cochonneries toute la journée, faut encore que tu les écrives ! ? », et avec son grand stylo rouge elle a gribouillé dans mon mot, elle a biffé mon deuxième E, celui justement que j'aimais tant, qui s'étalait juste au milieu : *MEERDE*. Ah la salope ! elle y a pas été de main morte, elle a mis une grosse croix dessus et, en plus, sur sa lancée, elle m'a sermonné tant et plus, elle m'a parlé de mon orthographe, elle m'a dit tout ce qu'elle en pensait et c'était pas très très aimable... Mais je l'ai laissée : j'ai pas tiqué : j'ai pas voulu envenimer... De toute façon, l'« écriture », qu'est-ce qu'elle y connaît, cette crétine ?.. c'est pas du tout sa tasse de thé !.. N'empêche ! dès qu'elle est partie, j'ai compris : oui, j'ai pas été long à piger : mon mot, elle l'avait cassé, cette vandale : avec sa barre rouge au milieu, elle l'avait bel et bien brisé : il ne ressemblait plus à rien : c'était tout sauf *mon* mot à *moi* !.. Du coup, j'ai senti que *ça venait* ! ça ne pouvait plus attendre : *ça sortait !* j'ai vite saisi une feuille de papier et pschitt ! sans hésiter, d'un jet d'un seul j'ai lancé dessus : *LA LUCETTE ELLE A DES GRO POILS !..* Ah vrai ! ça me faisait rudement plaisir d'écrire une belle phrase pareille... je trouvais que ça revigorait... que ça sonnait bien à l'oreille... surtout, je pensais que si je l'affichais sur mon mur, maintenant la Lucette elle aurait des gros poils pour tout le monde... ça serait comme qui dirait « officiel », elle pourrait plus y échapper... Mais je l'ai pas collé tout de suite, mon poème. Non. J'ai eu une meilleure idée : je l'ai amené à l'« intéressée ». Pof ! Directement ! Sur son bureau ! En plein au milieu de ses devoirs... Bon. Au début, la frangine, elle y a vu goutte, elle était dans son équation, elle trouvait pas, elle s'énervait... elle savait que se balancer... que mordiller le bout de son crayon (son vieux bout tout pourri gluant !)... Mais ensuite, quand elle a jeté un œil dessus, quand elle s'est rendu compte de la chose, oh ça a pas traîné longtemps, mes deux baffes je les ai eues et vite... j'ai eu droit à mon petit succès... aller et retour et illico... Remarquez, les mornifles, j'm'en fiche... ça va, ça vient, ça ne me gêne pas... je me sens pas tellement concerné... Mais là où ça a plus été, là où j'ai plus joué le jeu, c'est quand elle s'en est prise à mon « œuvre », qu'elle a voulu la déchirer... Alors là, je me suis rebiffé et bien !.. ma

Lucette, je lui ai sauté dessus, pardon !.. on s'est mordu, griffé, pincé... on a roulé dessus/dessous le lit... question valser, on a valsé !.. et crié encore : pour crier on a bien crié !.. à affoler tout le voisinage... à rameuter tout le quartier !.. Ma mère a rappliqué dare-dare... Mon père aussi s'est dérangé... mais plus lentement... mais en soufflant... d'un air déjà très résigné... d'un air déjà très très blasé... Au fond, ils ont l'habitude nos parents : tous les jours c'est le même cinéma : tous les jours on se poche et on se beigne !.. Mais ça ne fait rien : tous les jours ils se pointent quand même : tous les jours ils se croient « obligés »... Si bien que ça a recommencé : maman a gémi pour la forme : elle s'est plainte qu'on l'aimait pas : qu'on pensait qu'à nous, pas à elle. Papa, lui, il a dit ce qu'il dit toujours : il a menacé de la pension : d'une très sévère : d'une très méchante : d'une où l'on visse les enfants. Tu parles ! il est bête, papa, s'il croit que ça me fait peur, sa pension... De toute façon, même dans la plus terrible de toutes, même dans la plus épouvantable, y aura bien toujours du papier... Et des « idées », qu'on me fasse confiance... des « idées », j'en aurai aussi... ce n'est pas demain que j'en manquerai... Alors je les « rédigerai » bien au propre... bien tranquillement... bien sagement... je m'appliquerai... j'oublierai rien... Et la nuit, quand je dormirai, elles seront à côté de moi... Oui, elles reposeront dans mon tiroir... et je m'inquiète pas : elles grossiront, elles grossiront... aïe ! aïe ! aïe ! pour ça, j'ai aucun souci : ça fera du vilain, vous verrez !..

GÉRALD CAHEN
Écrivain

LE DELASSEMENT D'UN PEINTRE PARISIEN (1)

"C'est dans le personnage et moi je fais tout ce qu'il dit". (2)

Dans les épisodes précédents le peintre L... désoeuvré, s'appropriait une boîte de pastels oubliée dans un tiroir par sa fille. Il se mettait à copier les illustrations des livres et des magazines de sa jeunesse qui étaient à l'origine de sa vocation. Bientôt c'est à une véritable entreprise de rédemption des vieilles images que le peintre s'attela.

Aussi quand la fondation Amelio de Naples l'invita à travailler sur le projet "terrae motus", son premier réflexe avait été de fermer son atelier et d'ignorer toute expérience personnelle sur le sujet (ou plutôt celle de son "hétéronyme" Jean Le Gac) (3).

Un dimanche matin il partit fouiller dans les vieux papiers que les brocanteurs étalent sur le trottoir au marché aux puces (retenons dès à présent ce mouvement de se pencher sur le sol, qui va ici tout déclencher). Chez L. le désir de l'oeuvre s'accompagne de l'action de marcher et de l'obligation d'une séparation du lieu de l'oeuvre, l'atelier. Comme le Quichotte peut-être, autre personnage né du texte, le peintre L. semble ne pouvoir trouver la suite de ses aventures que dans le déjà écrit, le déjà imagé. En effet ceux-là étaient bien au rendez-vous. L. trouva sans effort des images saisissantes sur "l'éruption de l'Etna", "la catastrophe de Sicile et de Calabre avec les marins des escadres de la Méditerranée recherchant les victimes parmi les ruines" : scènes terribles et élégantes de la presse illustrée de l'époque qui traitait les événements survenus dans le monde comme un opéra. L. préféra une image peu lisible où se jouait sans doute toutes les connotations féminines de la terre, femme, fente, mère, etc.

Emporté par son sujet, une seule chose lui échappait encore quand il eut l'idée de renverser dans son atelier la terre sèche qui restait au fond d'un pot de fleur. S'abaissant pour la deuxième fois vers le sol il sut par une logique interne à l'oeuvre qu'il tenait la bonne image.

(1) Ceci est le texte figurant dans le tableau "Le délassement d'un peintre parisien".

(2) La Rose pourpre du Caire

(3) Jean Le Gac et sa famille étaient en vacances dans les Pyrénées quand une violente secousse sismique détruisit, non loin de là, le village d'Arette. Au plus profond de la nuit et du sommeil le peintre avait eu la sensation bizarre d'avoir des chiens en chaleur sous son lit. S'étant levé dans la houle irrépressible d'un sommier grinçant de tous ses ressorts, il avait découvert avec effroi le lustre de la chambre, pendule à la Edgar Poe, danser une gigue insensée au plafond.

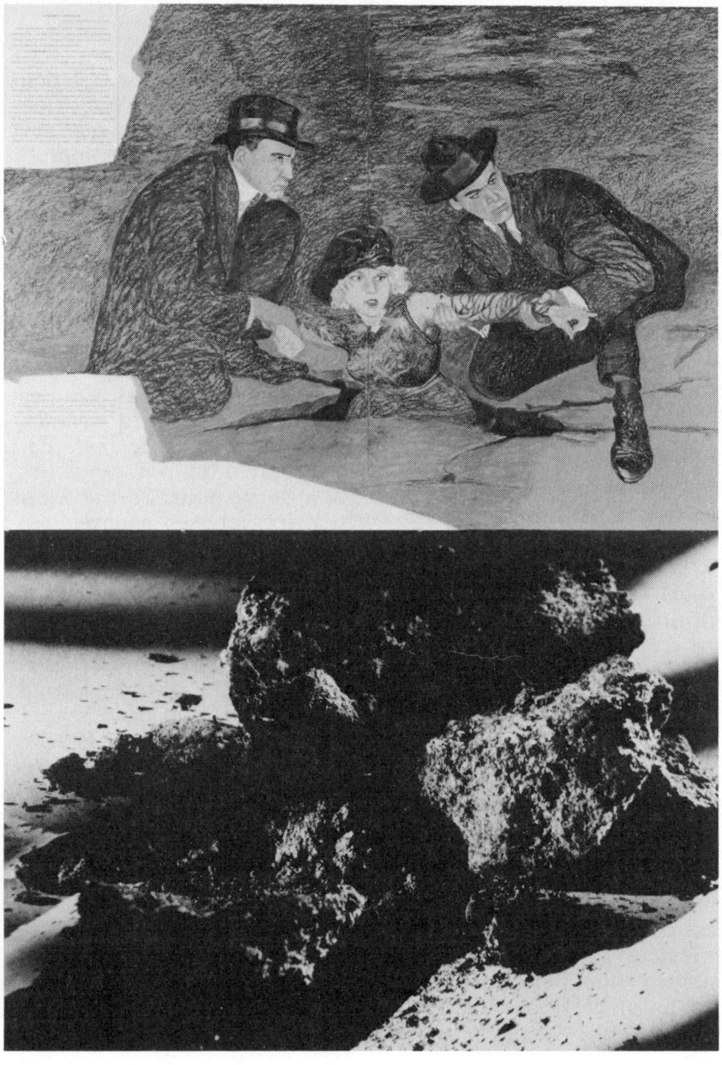

GALERIE DANIEL TEMPLON/GEORGES PONCET

Jean Le Gac, « Le délassement d'un peintre parisien (avec Terrae Motus) », 1985, pastel, photo et texte, diptyque : 216 × 150 cm

ENTRE LE TABLEAU ET LE PASSE-PARTOUT

Mon peintre dans le *délassement... (avec Terrae Motus)* pour trouver la bonne réponse à un tremblement de terre comme métaphore artistique commence par fermer son atelier, et part fouiller dans les vieux papiers au marché aux puces de Montreuil. Il y a de meilleurs exemples encore.

Mon maître en la matière (lui il ne sait même pas que j'existe), Borges, a dans une de ses nouvelles placé l'Aleph, le point où se rencontrent toutes choses, sous un escalier dans une cave obscure de la rue Garay.

Aussi fort est le fidèle qui à la messe, pour moins de deux centimes de pain sans levain, emporte Dieu dans le creux de sa main.

L'intimité que j'entretiens avec l'œuvre d'art ressemble à cela.

A la dernière FIAC ayant à faire, et m'acquittant pour la troisième fois des trente-cinq francs d'entrée, j'ai revu dans un stand un tableau bouleversant, *L'art de la conversation.* Ce que je vais dire n'entre pas dans mon admiration mais je ne peux plus l'en séparer. Entre le cadre et le tableau, normalement caché par le passe-partout, il y a dans le coin inférieur gauche une minuscule surface non peinte de toile blanche. La manière dont le coup de pinceau s'arrête fait penser à un petit oubli de Magritte, ou à de l'indifférence de sa part, ou encore à un calcul comptable du juste nécessaire à peindre car on sait avec quelle implacable technique cela est mené.

Pour ma part je pratique mon art dans deux prosaïques appartements du XXe arrondissement, escalier C, au fond d'une cour. Il faut passer devant les poubelles. Je ne me plains pas. Ce n'est pas sordide. Il y a là ceux/ce que j'aime... et aussi le reste de terre au fond d'un pot de fleurs, qui m'a servi pour *Terrae Motus,* et d'autres choses encore.

Je sais que ces exemples sont peu justifiables, qu'il y a de solides objections au fait que la proximité des choses ouvre sur l'Univers. Que l'Aleph soit sous l'escalier ne résout rien. Il y a tant d'endroits pareils que l'on peut confondre.

J'ai soumis cette remarque à mon entourage. Rien n'y fait. Ils sont tous ravis que cette intimité avec ce qui doit être de l'ordre de la révélation, ce soit sous un escalier par exemple qu'on la trouve. Et moi sans raison précise (en fait d'escalier je ne dispose que de celui, commun, qui dessert mon immeuble), j'espère avec eux.

JEAN LE GAC
Peintre

ONE MAN

SHOW

Il m'était arrivé plusieurs fois, comme à tous les grands acteurs, de devoir jouer devant une salle vide, c'est-à-dire emplie de fauteuils, à cet instant-là devenus inutiles.

Ils me regardaient avec leurs accoudoirs en forme d'accoudoirs, leur dossier de velours rouge et je me mettais à jouer pour eux, parce qu'ils m'avaient vu répéter et qu'ensemble, ma foi, nous nous entendions bien !

Mais un jour le poids de leurs regards me sembla insupportable, je ne désirai plus jouer pour eux.

Et pourtant, comment tourner le problème ? A qui la faute si les spectateurs ne venaient pas pour bander leurs yeux ? Louer une salle de théâtre et démonter tous les fauteuils quand la représentation risquait de tourner à la catastrophe, on ne pouvait le savoir qu'à la dernière minute. Un problème d'intendance, tout cela n'était donc qu'un problème d'intendance !

Après avoir envisagé toutes les solutions, même faire un succès, je me résolus à jouer dans une salle qui ne comporterait que deux sièges, et je pris la décision de donner une représentation seulement si j'avais l'assurance de cacher les dossiers des deux fauteuils par le dos d'un couple de spectateurs.

Dans ma cave je me mis à répéter avec la complicité de mes deux compagnons. Pour une fois ils n'allaient pas voir une véritable représentation. J'étais partagé entre la joie de leur jouer un tour et la peur qu'ils me manquassent au moment de mon entrée en scène.

Lorsque la première représentation fut annoncée, la salle était pleine. Deux dos cachaient les deux dossiers. Du côté de la salle j'avais tout prévu. Pratiquement du côté de la scène aussi. La pièce se déroula sans accroc. Je pouvais me concentrer pleinement sur le regard des spectateurs. Ils étaient à un mètre cinquante de moi, c'est ainsi que j'atteignis un point de non-retour. L'illusion était parfaite, chaque mot que je prononçais était entendu dans un air saturé par les trois cerveaux présents.

Quand il m'arrivait de dire « je », en parlant de mon personnage, je me rendis compte que je n'avais aucun effort à faire pour imposer quoi que ce soit, j'étais face à une évidence, le théâtre était l'art du mensonge. Nous naviguions tous les trois entre le mentir-vrai et le parler-faux.

Deux cas se sont présentés lors de cette série d'une centaine de représentations. Ou bien je connaissais les spectateurs, ou bien je ne les connaissais pas. J'aimerais pouvoir décrire la différence de rapports qu'il y avait entre ces deux cas.

Quand je savais qui était en face de moi, mon jeu d'acteur se résumait simplement à être le plus naturel possible pour dire mon texte, comme si le fait d'avoir une vie à l'extérieur de la scène qui soit bien connue des spectateurs me faisait un costume d'étrangeté.

TROUVER LE BON COSTUME

Par contre, quand les spectateurs m'étaient totalement inconnus, il fallait que j'invente une manière de vivre à l'extérieur de la scène qui semble les informer sur les raisons que j'avais d'être là. Un comportement intérieur beaucoup plus fouillé, et là l'effort devenait pratiquement surhumain au point qu'il se répandait en dehors de la fiction, ce sentiment sortait de la scène. La cave où j'emmenais les inconnus devenait un décor de carton-pâte dégoulinant et dangereux. La lueur de l'unique bougie imitait une batterie de cinquante projecteurs dessinant un coucher de soleil sur une jetée bretonne[1].

On dit qu'on choisit d'être acteur pour vivre d'autres vies, pour se cacher, se dissimuler, se travestir, cela voudrait dire qu'on a peur de savoir qui on est. Ne serait-ce pas plutôt pour trouver qui on est vraiment ? Comme dans un magasin où l'on essayerait plusieurs costumes pour trouver le bon ?

Je cherche profondément à l'intérieur de moi-même les raisons qui m'ont poussé à être acteur, cette expérience de la cave et de son jeu devant deux spectateurs m'a montré qu'à l'intérieur de moi-même il n'y avait rien, même en cherchant bien, ou plutôt que plus je cherchais, plus le vide se rapprochait de moi-même. La seule chose qui pouvait ressembler à mon intime conviction intérieure, c'était justement tout ce que je représentais à l'extérieur, vis-à-vis des autres, c'est-à-dire moi-même.

Ce qu'il y a de plus profond à l'intérieur de moi-même, c'est rien, le vide, le néant, aucune idée, aucune chose pleine. Et tout porte à croire que l'art de l'acteur n'est simplement (mais ce n'est pas si simple) que la recherche du plus grand vide intérieur possible.

On pourra parler de l'extase du yogi, du sourire intelligent des marionnettes, de la formidable capacité des animaux à faire l'acteur, des enfants aussi, de la stupidité des bêtes de scène, de la futilité du monde du spectacle, tout cela ne fera qu'apporter de l'eau à mon moulin. Et malgré toute la quincaillerie du bazar philosophico-geignard on ne m'enlèvera pas de l'idée qu'à l'intérieur de moi-même il n'y a rien. Je le saurais.

Oui mais alors je vois tout de suite la remarque qui ne manque pas de fuser de certaines lèvres : « S'il n'y a rien, c'est que vous êtes un mauvais acteur, car dans les bons acteurs il y a forcément quelque chose ». Je répondrai que c'est mélanger la quantité avec la qualité, que c'est un peu comme vouloir additionner des poires avec des carottes et que cela n'a rien à voir. Les mauvais acteurs ont aussi le droit de manger grâce à leur métier et qu'est-ce qu'un bon acteur si ce n'est un mauvais qui a bien tourné.

Bien sûr, faire du théâtre devant deux personnes dans une cave c'est une relation intime, mais quand on sait que pour l'acteur l'intime n'existe pas, on mesurera toute la distance qui reste à parcourir sur le chemin de la recherche de la vérité.

Quand je suis dans mon fauteuil, dans une grande salle de spectacle et que j'assiste à une représentation théâtrale, mon plus grand plaisir est produit par le fait que j'ai l'impression d'être seul dans la fiction qui se déroule sous mes yeux, doublé par le fait que justement je ne suis pas le seul à avoir au même instant cette impression-là.

Dans ma cave, les deux spectateurs inconnus tournaient sur eux-mêmes dans cette relation-là. Il s'agissait avant tout de leur propre intimité qui était en question.

Cela revient à dire que les deux spectateurs qui étaient en train de me regarder venaient faire eux-mêmes le spectacle qu'ils venaient voir. Que le fait d'accepter de venir voir un spectacle dans une cave en sachant qu'ils ne seraient que deux était le spectacle en lui-même. Qu'il n'y avait rien d'autre à voir qu'eux me regardant. Et que le premier spectateur de tout ce remue-ménage était bien moi qui voyais défiler devant lui, au rythme des soirées, un éventail de la civilisation française. Et que tout cela restera pour moi un souvenir inoubliable, car je savais bien que dans leurs yeux ils me remerciaient de leur avoir procuré pendant un moment l'illusion d'être eux aussi des acteurs et que ça, ils ne l'oublieraient jamais.

La boucle était bouclée, j'avais fait du théâtre.

SERGE VALETTI

Comédien

1. Je pense que c'est à cette époque que je compris enfin d'où venait mon amour immodéré pour les mythomanes. Ils se trimballaient un tel théâtre dans la tête que la vision de leur souffrance m'obligeait à les aimer. C'est-à-dire, à venir m'asseoir dans les fauteuils vides de leur cerveau.

EDWIGE LAMBERT

LE TANGO DES BOUCHERS

**« C'est le tango des bouchers de La Villette
C'est le tango des tueurs des abattoirs
Venez cueillir la fraise et l'amourette
Et boire du sang avant qu'il soit tout noir
Faut qu'ça saigne ! »
Boris Vian**

Le matin elle avale un bifteck. A midi elle avale un bifteck. Le soir elle avale un bifteck. C'est pas une femme, c'est un cheval. Quand elle passe la serpillière, on voit tanguer son cul considérable sur le flot mousseux qui inonde le carrelage. C'est pas une femme, c'est un paquebot. Quand elle ouvre la bouche on entend une corne de brume. Elle pense tout haut, alors les jours où elle va voir son gynécologue, tout le monde le sait, et aussi qu'il faut qu'elle change de culotte avant. C'est Odette Mulot, épouse de Roger Mulot, 45 ans.

> « Sans doute préfère-t-il que cet amour reste dans le domaine du rêve... Aussi a-t-il insisté pour que je porte ce soir cette belle robe balinaise qu'il m'a offerte, et a-t-il voulu créer autour de nous cette atmosphère féerique » (*Intimité,* n° 2078).

L'inconvénient dans ce boulot c'est les odeurs. Dès qu'on arrive le matin, ça pue. Tu viens d'avaler ton café au lait, tu t'amènes et paf, ça pue. D'abord ça pue comme dans tous les hostos : entre la grille d'entrée et la pointeuse, ça sent l'éther, t'en as plein le nez. Une fois que t'as pointé tu passes devant la buanderie. Là c'est pire, ça sent le brûlé et en même temps la pisse, on dirait. Après t'arrives ici à la cantine du personnel, et là c'est « œuf dur n° 5 » de Chanel.

Odette est déjà là, je la vois pas encore mais je l'entends, enfin j'entends qu'elle braille à Lucienne un truc que je comprends pas, je suis encore dans le vestiaire à boutonner ma blouse, je m'amène et je dis à Odette : « Qu'est-ce que tu dis, Odette ? », et Odette crie par-dessus l'évier : « Je dis que c'est le cul et la bouffe qui font courir le monde. » Lucienne fait la gueule. Il faut dire que Lucienne fait la gueule six jours sur cinq, et la philosophie matinale d'Odette n'arrange rien : y a qu'à regarder Lucienne pour voir que dans la vie, c'est sûrement pas la bouffe, et encore moins le cul, qui font courir son monde à elle.

> « Un jour, Pascal m'entraîna dans sa chambre pour m'y montrer ses dessins et ses aquarelles. Je trouvai qu'il avait beaucoup de talent. Nous parlions d'art depuis un moment quand nous nous retrouvâmes dans les bras l'un de l'autre. Nous échangeâmes un long baiser » (*Intimité,* n° 2078).

La mère Sanchez est en retard, c'est pas dans ses habitudes. Quand elle débarque on a déjà sorti tout le bazar du lave-vaisselle. Il est huit heures et demie et voilà le harem, comme dirait le chef, au grand complet : Odette, attablée devant son bifteck, Lucienne qui fait la gueule, Ramona Sanchez qu'a la sienne de travers, et moi.

C'est mon tour d'aller chercher les gamelles aux cuisines. Je débarque dans l'antre où mijote la bouillie infâme qui tient lieu d'alimentation aux malades et au personnel. Au petit personnel s'entend, parce que le gros personnel, toubibs, dirlos et toute la crème, ils entendront jamais le splatch de la cuiller plongée dans une purée liquide comme de la soupe, ni le chiouf de la louche plantée dans une soupe épaisse comme de la purée. Ces messieurs ne bouffent pas, ils déjeunent. Ailleurs.

En attendant je regarde les bulles crever à la surface des marmites infernales, un mètre de diamètre sur un mètre de profondeur. Dédé balance les gamelles sur mon chariot sans faire gaffe à leur contenu, quand c'est mou ça éclabousse, je repars avec des épinards sur les pieds. C'est pas grave, elle va pas nous en chier une pendule qu'il me fait, et il joint le geste à la parole.

> « Comment ne pas sentir son cœur battre devant un homme comme lui ? Grand, mince, d'allure à la fois sportive et élégante, avec un visage aux traits énergiques, éclairé par des yeux d'un bleu des mers du Sud... il devait faire tourner toutes les têtes ! En tout cas, la mienne n'y avait pas résisté... » (*Nous Deux,* n° 1992).

Ben qu'est-ce qui t'est arrivé, je demande à Ramona en revenant. Mince, j'ai fait une gaffe. Quand Ramona est maquillée comme ça, beurre noir à droite, rien à gauche, il faut pas se demander d'où ça vient : Marcel a encore frappé. Faut mettre un bifteck dessus, dit Odette qui perd pas le nord. Ramona me tend son porte-monnaie : « Tiens, va donc acheter *Intimité* à ma place, tu seras chou, normalement c'est mon tour mais je vais pas descendre avec la tronche que je me paie. »

Je me dégrouille de filer. Cette histoire de coquard, ça tombe à pic : on est mardi, jour de viande, et en traînant un peu en route, si j'achète aussi *Confidences* et *Nous Deux,* elles seront peut-être allées aux bouchers avant que je revienne.

Les bouchers. Ça fait pas longtemps que je suis serveuse à la cantine du Centre hospitalier régional de Bouzil-sur-Creuse, et jusqu'à présent, j'ai réussi à me trouver un alibi tous les mardis et jeudis vers les 10 heures, mais ça va pas durer éternellement. Mon premier jour ici, c'était justement un mardi, jour de viande, donc. Vers les 10 heures, Odette a dit : « Tiens, c'est jour de viande. » Là-dessus elles se sont mises à glousser — sauf Lucienne — et à se disputer : « Vas-y donc, toi. — Ah non, pas moi, vas-y toi-même, la dernière fois c'était déjà moi. — Oui mais toi c'est pas pareil, etc. — On n'a qu'à envoyer la petite, dit Ramona. — On peut pas lui faire ça le premier jour », dit Odette.

> « Mais si Roxane est pâle, ce n'est pas dû à l'émotion. — Ce n'est pas possible... Je viens d'épouser Victor, et je pense à Max. C'est horrible » (*Nous Deux,* n° 1992).

L'après-midi j'ai fini par leur tirer les vers du nez. On était assises toutes les quatre en train de siroter un petit caoua. C'est notre secret : tous les après-midi, on nettoie la cantine en quatrième vitesse, on essuie la vaisselle dare-dare et là, peinardes, une bonne heure avant que ça sonne, on lit *Intimité* en finissant les éclairs au chocolat quand il y a du rab. Y en a une qui surveille la fenêtre au cas où le chef viendrait, c'est chacun son tour.

Alors on lisait *Intimité* et on parlait des hommes — on parle des hommes tout le temps, ça doit être à force de lire des histoires d'amour — et voilà Odette et Ramona qui recommencent à glousser, et puis elles lâchent le morceau : les jours de viande, il faut aller chercher les biftecks dans les chambres froides des caves de l'hôpital. Les bouchers qui travaillent là-dedans en profitent pour te peloter les nichons et te mettre la main au panier, ils essaient d'ouvrir ta blouse, comme il fait chaud à la cantine et que tu te démènes, t'as rien en dessous, ils sont trois, toi t'es toute seule et puis c'est dans la cave. « Ça s'arrête là, c'est pas méchant, dit Odette. — De toute façon, c'est normal, c'est des hommes, dit Ramona. — Les hommes, c'est tous des cochons », dit Lucienne.

> « Avait-il envie de m'épouser ? De fonder une famille ? C'eût été tellement merveilleux... Quand je rêvais à tout cela, je fondais. Hélas ! Michel ne prononçait pas les mots qui m'auraient amenée au septième ciel » (*Nous Deux,* n° 1992).

Ramona, elle m'en bouche un coin. Elle a pas quarante ans, du charme, plutôt bien roulée, elle a divorcé parce que son bonhomme lui foutait la raclée quand il rentrait saoul, et voilà qu'elle se met à la colle avec Marcel, qui lui fout la raclée quand il rentre saoul.

« Flanque-le dehors, je lui dis.

— Je peux pas, je l'ai dans la peau, elle me fait. Et pour tomber sur quoi ? Y sont tous pareils. Le Marcel au moins il a pas la queue dans sa poche.

— C'est le cul qui fait courir le monde, dit Odette.

— C'est pas compliqué, je dis, y a qu'à aller aux bouchers à deux.

— Le chef y veut pas, dit Lucienne. Il dit qu'il nous paie pas à rien foutre, y a trop de travail à la cantine. Pendant qu'on serait deux à la viande, y en aurait plus que deux au service, c'est pas suffisant. »

Là-dessus elle siffle, et on planque *Intimité* vite fait parce que voilà le chef. « Quand on parle du loup on y voit la queue, dit Odette. Si on est repérées ça va barder. »

Il était moins une. D'ailleurs, c'est pas le chef, c'est Dédé, il vient rechercher les gamelles vides et il en profite pour faire une pause et pour dire des cochonneries, histoire de faire rougir Lucienne. Il raconte comment il s'est fait une auto-stoppeuse avant-hier et montre le coup de griffe qu'elle lui a laissé sur le nez en souvenir, la salope, et après il faut qu'il se creuse le ciboulot pour expliquer à sa femme d'où ça vient.

« Dame oui, dit Ramona qui compatit aux malheurs de Dédé, elles font du stop, alors qu'elles aillent pas pleurer après ; moi personnellement si ma fille faisait du stop elle aurait une de ces raclées... »

Faut dire que quand sa fille rentre souper avec un quart d'heure de retard, Ramona la fait mettre à poil et elle renifle ses vêtements un par un.

> « — J'espère que je ne vous ferai pas honte avec ma petite robe toute simple.
> — Vous êtes ravissante.
> — Et aussi intimidée, sachez-le, qu'une collégienne à sa première sortie » (*Nous Deux,* n° 1992).

Dédé s'en va et Ramona sort son couplet préféré sur le thème, c'est normal c'est un homme, ce serait pas un homme sinon. On va pouvoir se remettre à lire *Intimité* et on saura si Charles épouse Réjane. « Mince, il est "à suivre" celui-là, dit Lucienne, je tiendrai jamais jusqu'à la semaine prochaine. »

C'est drôle parce que si on y réfléchit, c'est toujours la même chose et ça finit toujours pareil, logiquement, on devrait s'emmerder avant la fin. Même qu'un jour Ramona a dit qu'elle était cap d'en écrire autant. On a bien rigolé.

> « Sans se soucier des passants qui se retournent pour les regarder, ils tombent dans les bras l'un de l'autre.
> — Veux-tu devenir ma femme, Agnès ?
> — Oui, mon amour.
> Un baiser scelle leur promesse. Ils savent désormais que l'avenir leur appartient. FIN » (*Intimité,* n° 2078).

Ça y est. J'ai été aux bouchers. J'avais gardé mon corsage exprès sous ma blouse. J'avais les jetons. Y avait vraiment pas de quoi en fin de compte : il s'est rien passé du tout. Ça me soulageait et en même temps j'étais furax contre Odette et Ramona qui s'étaient payé ma tête. Je remonte et je leur dis : « Votre histoire de bouchers, c'est la chasse au dahu. — Ben quoi, ils t'ont rien fait ? demande Lucienne. — Elle aurait peut-être bien voulu qu'ils y fassent quelque chose, dit Odette. — C'est pas des histoires, dit Ramona. S'ils t'ont rien fait aujourd'hui, c'est parce que t'es nouvelle. Ils t'ont encore jamais vue, alors forcément. Moi aussi au début, ils me fichaient la paix, mais après... »

J'ai l'impression que je perds rien pour attendre.

EDWIGE LAMBERT
Journaliste

LE SEXE PUBLIC

entretien avec
GRISELIDIS RÉAL

LE SEXE EST SOUVENT ASSOCIÉ À LA NOTION D'INTIME. GRISÉLIDIS RÉAL, PROSTITUÉE À GENÈVE, RACONTE SON RAPPORT À L'INTIME, ET SON EXPÉRIENCE DU SEXE LORSQUE CELUI-CI EST UN OBJET DE CONSOMMATION.

Autrement. - Avez-vous des clients avec qui s'établissent des relations intimes ?
Grisélidis Réal. - La véritable intimité, je ne pense pas. Là n'est pas le but de la transaction. Il peut y avoir de l'amitié et de la confiance avec des clients qui viennent depuis dix, vingt ou trente ans. Mais évidemment ce ne sont pas des rapports amoureux comme entre un homme et une femme qui s'aiment. Pourtant certains clients vous demandent davantage de tendresse et de gentillesse ; surtout l'homme âgé dont la femme est morte, ou le travailleur immigré qui retrouve la sienne une fois par an au pays.

Les clients se livrent-ils à vous ?
Ils me parlent souvent de leurs malheurs conjugaux. Certains sont en train de divorcer, d'autres ont subi des déceptions sentimentales... Ils nous confient toutes sortes de choses : leur vie, leur expérience, leurs espoirs... Ils demandent conseil.

Et vous, vous livrez-vous ?
Une prostituée qui a la chance d'avoir une vie privée la gardera pour elle ; elle ne l'étalera pas devant ses clients, parce que ça ne les regarde pas et ça ne les intéresse pas. Ce qu'ils veulent, c'est qu'on leur donne toute satisfaction sur leurs désirs à eux, et leurs fantasmes éventuels.

Tombez-vous parfois amoureuse de vos clients ?
Ça m'est arrivé deux ou trois fois et ça n'a rien donné de valable. En fait, un client vient se payer des rapports différents de ceux qu'il pourrait avoir gratuitement. À partir du moment où la femme devient gratuite, où il se sent dans l'obligation d'être amoureux, ça ne marche plus. Car les hommes qui viennent chez nous, à de rares exceptions près, ne tombent pas amoureux de la prostituée.
D'un autre côté, les prostituées n'ont pas toutes un chéri, un amant ou un mari. Il peut arriver, très très exceptionnellement et par accident, qu'une prostituée ait un orgasme avec un homme dont elle n'est pas amoureuse, si l'homme est suffisamment gentil et délicat et qu'elle se laisse suffisamment aller. Mais c'est très individuel et ça ne fait pas du tout partie du travail de la prostituée.

Pourquoi est-ce si rare ?
Nous exerçons un métier qui demande beaucoup de doigté, il faut être à son affaire. Notre cerveau doit rester attentif pour faire fonctionner le mécanisme qui amènera l'homme à l'éjaculation. Mais en aucun cas nous ne pourrons nous investir sentimen-

talement ni même physiquement. C'est pour nous un simple travail. Comme pour quelqu'un qui tape à la machine, ou un dentiste. Vous pouvez toucher les corps humains, les faire fonctionner, mais vous-même ne participez pas à l'action. Parce que vous n'en avez pas envie. Vous êtes à cent lieues d'être sensibilisée par ce que vous faites. Même si extérieurement vous faites le travail le mieux possible dans votre intérêt et dans celui du client, vous-même vous n'éprouvez rien parce que votre cœur est ailleurs.

Votre corps reste donc très extérieur ; il y a comme une scission de vous-même ?
Oui, on devient très professionnelle. On bloque certaines sensations et beaucoup de femmes se laissent toucher le moins possible. Personnellement, je dis au client la plupart du temps angoissé : « Laisse-toi faire. Je m'occupe de toi. Je te fais du bien. Ne t'en fais pas. Ça va marcher comme sur des roulettes. Je ne suis pas là pour prendre mon pied. » Ils essaient quelques caresses pour se stimuler eux-mêmes. Et là nous sommes de très grandes artistes ; c'est comme au théâtre. Nous arrivons à simuler toutes sortes de sensations extraordinaires que nous n'éprouvons absolument pas. La voix, les soupirs, les petits gloussements d'extase sont très utiles pour faire activer le travail chez l'homme. Il y a chez nous toute une part de frime et d'illusion dont les clients ne sont pas entièrement dupes. Ce qu'ils veulent, c'est avoir l'illusion d'être avec une femme qui est émue physiquement. Même si c'est joué. Et si c'est bien joué, ils sont contents. Il est évident qu'on ne va pas faire l'amour pour de vrai.

Les prostituées ont des vêtements d'actrices aussi. Elles sont comme des personnages de légende ou de pièce de théâtre érotique. On arrive à mettre en valeur les parties de son corps qui vont accrocher non seulement l'œil mais le désir sexuel du client, ou lui donner confiance. Vous montrez ce qui a l'air généreux, chaud, très féminin et même un peu maternel ; le client aura envie de se frotter à vous, de se mettre au chaud comme un oiseau dans un nid...

Se change-t-on en rentrant chez soi ?
La plupart des prostituées ont des costumes de travail. En ce qui me concerne, je joue seulement sur certaines matières, certains décolletés ; et quand je sors « sur » la rue, je m'habille comme si j'allais au cinéma ou au restaurant. Mais certaines femmes se transforment entièrement en putes, en pin up, en stars de cinéma... Elles mettent des perruques, des faux cils. C'est spectaculaire, on ne les reconnaît pas.

Avez-vous certaines parties réservées de votre corps, que le client ne peut pas toucher ?
Je n'ai pas de principes moraux stricts sur cette question. J'essaie plutôt de protéger mon corps par tous les moyens. Il est là comme un instrument de travail ; j'en protège les parties délicates. Je n'ai pas envie de me laisser brutaliser, manipuler, user.
Les clients adorent la fellation. Aussi, je la pratique quand on me le demande ou quand je vois que ça fait plaisir. J'économise ainsi mon vagin. Je n'ai pas tellement envie qu'on me le touche, qu'on me le griffe, qu'on me le blesse. Et puis la salive, c'est très dangereux, c'est plein de microbes. J'essaie donc d'éviter au maximum ce genre de contact.
Toutes les prostituées disent qu'il ne faut en aucun cas se laisser embrasser sur la bouche. Moi, je fais un tout petit peu semblant en tournant la tête à gauche ou à droite. Toujours pour économiser mon vagin.

Ça me fait plus mal une pénétration qui dure longtemps, avec un gros sexe, qu'un soi-disant baiser. Pour moi, c'est comme si j'avais embrassé cette table. Je m'en fiche complètement. J'essaie seulement que la salive ne pénètre pas.

Me faire tringler, tringler, tringler pendant une demi-heure, moi j'en ai marre.

Tout ce qui peut activer l'éjaculation chez l'homme est bon. J'ai des seins qui tiennent encore assez bien. Les hommes, ça les excite et ça les stimule. Ils éjaculent plus vite s'ils peuvent les toucher. Tout de même je ne veux pas qu'on me les pétrisse, et que ça me fasse le cancer du sein... Alors je dis tout le temps : « Doucement, doucement » ; c'est devenu la formule consacrée. Mais je préfère encore qu'on me touche la poitrine plutôt qu'on me griffe le vagin.

Par ruse donc, je fais semblant, je pousse des cris comme si j'avais joui déjà trois fois, en me disant : « Mon Dieu qu'il y arrive, et que ce soit vite terminé. » Vous comprenez, c'est un travail.

Avez-vous deux sexualités ? L'une avec vos clients, l'autre avec l'homme dont vous êtes amoureuse ?

Quand vous êtes amoureuse, vous vibrez comme une harpe. Tandis qu'avec un client, vous vous contrôlez très bien afin de ne rien sentir. Vous avez un mécanisme de blocage. C'est comme si vous jouiez du piano en ayant bloqué le son. Vous faites vos exercices avec les doigts, vous tombez juste sur les accords, mais le son, la vibration n'est pas là.

Votre travail influence-t-il vos relations avec votre conjoint ?

Dans ce métier, vous arrivez tout de même à perturber un peu votre sexualité. A force de vous bloquer toujours, de rester froide et insensible à tout prix, parce que ça ne vous intéresse pas du tout de jouir avec n'importe qui, n'importe comment. Une prostituée qui part en vacances avec l'homme qu'elle aime sera tout à coup beaucoup plus détendue, disponible, sexuelle et passionnée, que lorsqu'elle rentre du travail et qu'elle trouve l'homme de sa vie au lit. Fatiguée, usée, elle appréciera parfois qu'il la laisse dormir tranquille, même avec le plus grand amour du monde.

Qu'attendez-vous de l'homme que vous aimez ?

On ne voudrait pas retrouver en l'homme qu'on aime encore un client. Il faut vraiment qu'il soit attaché à vous et vous aime. Le client, lui, ne vient pas pour vous aimer mais pour retirer de vous une satisfaction qu'il n'a pas ailleurs, alors que l'homme de votre cœur devra vous aimer ou vous donner l'illusion qu'il vous aime. C'est exactement le contraire du client. L'amour qu'on porte à nos amants c'est du véritable amour, d'autant plus vrai qu'il se passe ailleurs quelque chose qui n'a rien à voir avec l'amour.

Dans un couple ordinaire, l'homme peut très bien se demander si sa femme ne se tape pas un petit jules pour varier le plaisir pendant qu'il est en train de trimer. Avec une prostituée, vous êtes tranquille : elle en a par-dessus la tête de ses clients ; elle ne prend surtout pas de plaisir avec eux. Mais quand elle rentre chez elle, là il y a l'amour. Elle revient vraiment par amour.

propos recueillis par
ISABELLE SEGUIN

CLAIRE TEILLARD D'EYRY

LETTRES D'AMOUR DE HENRI IV À "LIBÉRATION"[1]

De l'attachement sensuel à la passion romantique, de la déclaration aux reproches, j'ai recherché dans ces lettres ou ces passages — paysages en enfilade, où chacun s'attardera selon soi — le moment où s'efface l'anecdotique pour laisser place à l'universel, celui où l'écriture du sentiment donne naissance à une littérature de l'amour. Plutôt que l'intimité reflétée dans ces petits secrets qu'ont tous les amoureux, et dont la naïveté attendrit ou fait rougir, je préfère celle des âmes mises à nu, révélées par l'émotion amoureuse, dont les différentes expressions varient davantage à travers les individus, qu'à travers les siècles : les secrets de l'être, plus que ceux d'une passion, transparaissent dans la lettre d'amour.

HENRI IV À HENRIETTE D'ENTRAGUES

Mon Menon. Je viens de prendre médecine afin d'être plus gaillard pour exécuter toutes vos volontés, c'est mon plus grand soin que de vous plaire et affermir votre amour, étant le comble de mes félicités. [...] Trouvez un moyen que je vous voie en particulier et que devant que les feuilles tombent je vous les fasse voir à l'envers. Bonjour mon cher Cœur que je baise un million de fois.

M. D'ÉPINAY À ROSE OU À GENEVIÈVE DE VERRIÈRE

Je t'en crois sur parole, ma petite poule, je te savais bien un peu friponne, mais tes sentiments et ta délicatesse m'ont annoncé une probité sur laquelle je compte et dès le premier moment je me suis bien douté que le vieux ladre avait usé de violence pour vous arracher mes lettres. Permets-moi cependant, cher amour, de te reprocher ta faiblesse de les avoir gardées ; cette preuve de ta tendresse me coûte cher. [...] Bonjour, reine des cœurs, souviens-toi de ton fidèle Lolo, et surtout ne prends point d'engagements que tu ne puisses rompre à mon retour. Je te salue, et t'embrasse.

JULIE DE LESPINASSE AU COMTE DE GUIBERT

[...] Je ne sais plus ce que je vous dois ; je ne sais plus ce que je vous donne ; je sais que votre absence me pèse, et je ne saurais me répondre que votre présence me fit du bien. Mais, mon Dieu ! quelle situation horrible que celle où le plaisir, où la consolation, où l'amitié, où tout enfin devient poison ! Que faire, dites-moi ? où retrouver le calme ? Je ne sais où je prends la force de résister à des impressions aussi profondes et aussi diverses. Oh ! combien de fois l'on meurt avant que de mourir ! Tout m'afflige et me nuit ; et l'on m'ôte la liberté de me délivrer du fardeau qui m'accable ! Au comble du malheur, on veut que je vive ; on me déchire également et par le désespoir et par l'attendrissement qu'on me cause. Eh, mon Dieu, aimer, être aimé, n'est donc pas un bien ? Je souffre tous les maux, et j'ai encore à me reprocher de troubler le repos, de faire le malheur de ce que j'aime ! Mon âme est épuisée par la douleur ; ma machine est détruite, et cependant je vis, et il faut que je vive ; pourquoi le voulez-vous aussi ? que vous importe ma vie ? quel prix pouvez-vous y mettre ? que suis-je pour vous ? [...] Non, monsieur, votre amitié ne fera point mon *bonheur,* parce que cela est impossible ; elle me consolera, elle me fera souffrir peut-être, et je ne sais si j'aurai à me louer, ou à me plaindre de ce que je vous devrai.

JULIE DE LESPINASSE, AU MÊME

[...] On n'a pas ouvert une fois ma porte aujourd'hui, que je n'aie eu un battement de cœur : il y a eu des instants où j'ai craint d'entendre votre nom, et puis j'ai été désolée de ne pas l'avoir entendu. Tant de contradictions, tant de mouvements contraires sont vrais, et s'expliquent par ces trois mots : *Je vous aime.*

NAPOLÉON À JOSÉPHINE

A la citoyenne Bonaparte, à Milan

Vérone, le 1er frimaire an V (21 novembre 1796)

Je vais me coucher, ma petite Joséphine, le cœur plein de ton adorable image et navré de rester tant de temps loin de toi. Mais j'espère que dans quelques jours, je serai plus heureux et que je pourrai à mon aise te donner des preuves de l'amour ardent que tu m'as inspiré.

Tu ne m'écris plus ; tu ne penses plus à ton bon ami, cruelle femme ! Ne sais-tu pas que sans toi, sans ton cœur, sans ton amour, il n'est pour ton mari ni bonheur ni vie. Bon Dieu ! que je serai heureux si je pouvais assister à l'aimable toilette... petite épaule, un petit sein blanc, élastique, bien ferme ; par-dessus cela, une petite mine avec le mouchoir à la créole, à croquer. Tu sais bien, la petite forêt noire. Je lui donne mille baisers et j'attends avec impatience le moment d'y être. Tout à toi, la vie, le bonheur, le plaisir ne sont que ce que tu les fais.

Vivre dans une Joséphine, c'est vivre dans l'Élysée. Baiser à la bouche ; aux yeux, sur l'épaule, au sein, partout, partout !

Anna Lindsay à Benjamin Constant

C'est moi qui vous fuis. Je n'ai plus d'espérance et, ce qui est horrible, insupportable, je ne puis plus vous estimer... *C'est un éternel adieu que je vous fais.* Partout, je vous éviterai. Je demanderai à tout le monde de ne jamais prononcer ce nom, que j'ai prononcé quelque temps avec tant d'amour et d'orgueil !

Stendhal à Mathilda Dembowski

Madame,

Peut-être que dans ma position de disgrâce, il peut vous sembler peu convenable que j'ose vous écrire. Si je vous suis devenu odieux à ce point, je veux tâcher, du moins, de ne pas mériter davantage mon malheur, et je vous prie de déchirer ma lettre sans aller plus loin.

Si au contraire, votre âme sensible, quoique trop fière, a la bonté de me traiter comme un ami malheureux, si vous daignez me donner de vos nouvelles, je vous prie de m'écrire à Bologne, où je suis obligé d'aller : « Al Signor Beyle, nella locanda dell'Aquila Nera ». Je suis réellement inquiet de votre santé. Seriez-vous assez cruelle, si vous étiez malade, pour ne pas me l'apprendre en deux mots ? Mais il faut m'attendre à tout. Heureux le cœur qui est échauffé par la lumière tranquille, prudente, toujours égale d'une faible lampe ! De celui-là, on dit qu'il aime, et il ne commet pas d'inconvenances nuisibles à lui et aux autres. Mais le cœur qui est embrasé des flammes d'un volcan ne peut plaire à ce qu'il adore, fait des folies, manque à la délicatesse et se consume lui-même. Je suis bien malheureux.

Henri

Alfred de Musset à George Sand

Mon cher George, j'ai quelque chose de bête et de ridicule à vous dire. Je vous l'écris sottement au lieu de vous l'avoir dit, je ne sais pourquoi, en rentrant de cette promenade. J'en serai désolé, ce soir. Vous allez me rire au nez, me prendre pour un faiseur de phrases dans tous mes rapports avec vous jusqu'ici. Vous me mettrez à la porte et vous croirez que je mens. Je suis amoureux de vous. Je le suis depuis le premier jour où j'ai été chez vous. [...]

MARIE D'AGOULT
À FRANZ LISZT

[...] Ce qui m'a affligée plus qu'autre chose dans le passé ça a toujours été le sentiment d'un temps écoulé durant lequel il y avait eu entre nous le mensonge, certaines paroles dites par vous, certains sourires, qui venaient me fendre le cœur. [...]

BALZAC À ÉVELINE HANSKA

[...] Adieu, trésor de joie, adieu. Pourquoi me laissez-vous des pages blanches dans vos lettres. Mais laissez, laissez, rien de forcé. Ce blanc, moi je le remplis. Je me dis que votre bras a passé là et je baise le blanc. Adieu, mes espérances. [...]

JULIETTE DROUET
À VICTOR HUGO

Oh ! reviens, mon âme, ma vie, reviens.

Si tu savais comme je te désire, comme le souvenir de cette nuit me rend folle et impatiente de bonheur. Combien je désire m'enivrer de ton haleine et de tes baisers que je savoure en extase sur ta bouche !

Mon Victor, pardonne-moi toutes mes folies. C'est encore de l'amour. Aime-moi...

VICTOR HUGO
Á JULIETTE DROUET

Je regarde ce passé avec ivresse, mais je ne regarde pas l'avenir avec moins de charme. Nous voilà maintenant l'un à l'autre à jamais sans anxiété, sans trouble, sans angoisse, nous avons traversé et vaincu tout ce qui était mauvais et pouvait être fatal ; nous sommes en pleine et unique possession de nos deux destinées fondues en une seule. Nous n'avons plus l'amour frais éclos, mais nous avons l'amour éprouvé, l'amour qui se sait fort et qui regarde même au-delà du tombeau la continuation indéfinie. L'amour en naissant ne voit que la vie, l'amour qui dure voit l'éternité.

WILLIAMS ALES ROAMS À SA SŒUR

Vienne, le 25 août 1968
Prague, Anna, est retournée dans le ventre insonore et tiède de la grande baleine rouge. Trois jours et trois nuits ont passé, Prague ne reparaîtra pas, la baleine a plongé, me laissant, nous laissant à la surface de l'Histoire, écume libre et vaine. Et je ne pense plus à rien qu'à toi, les yeux fermés, les mains que je crois sentir battre et vouloir se détacher, les mains ouvertes où viendrait se lover le souvenir de tes cheveux, de tes épaules, de tes chevilles si je n'étais parti depuis si longtemps. Je ne partirai plus, Anna, je reviens. Je reviens sans bruit, je sais que tu m'attends sans bruit, et nous nous aimerons en silence, comme font les Tchèques dans les entrailles de la baleine. Je t'aime, je t'aime sans rien dire.

Ales

GENEVIÈVE À VÉRONIQUE (ANNÉES 70)

Amour,
Laisse-moi te dire combien je t'aime et que mon amour pour toi n'aura jamais d'égal. Oui, tu es au plus profond de moi-même, tu me suis pas à pas, seconde par seconde, heure par heure. Je te caresse de mon cœur et dépose une couronne de tendresse sur ton front...

LIBÉRATION (SANDWICH), 20-12-1980, MESSAGE

A CELUI QUE J'AIME toujours ton image reste gravée dans mon cœur mais j'ai perdu l'espoir de te revoir c'est dur mais j'ai trop souffert ne pense plus à moi si cela te fait mal au cœur je t'embrasse toi seul un tout petit brin de lilas.

Lettres choisies, présentées, introduites par
CLAIRE TEILLARD D'EYRY

1. Les onze premières lettres sont tirées de *Lettres d'amour*, éd. J'ai lu, Paris, 1962. Celle de Geneviève à Véronique est tirée de *Les femmes et l'amour homosexuel* par Nella Nobili et Edith Zha, Hachette littérature, Paris, 1979.

MICHÈLE DACHER

HISTOIRE DE LOUISE

Il y a une dizaine d'années je décidai d'entreprendre une étude sur la mort[1] à travers ceux qui l'avaient voulue et manquée : les rescapés du suicide. Mais aucun hôpital n'acceptait de me financer. Ma quête me conduisit finalement dans un hospice de vieillards où le patron m'accueillit tout de suite. J'entrai à l'hospice avec l'euphorie légère de qui inaugure une aventure longuement désirée, sans vouloir considérer que, la mort des vieillards étant subie et non choisie, je venais de changer de sujet.

L'hospice était une bâtisse du XVIIIe siècle à deux étages avec les traditionnels jardins à la française entre des ailes en U : pierre de taille grise, escaliers monumentaux, extrême hauteur des plafonds et des fenêtres, salles immenses scandées d'une enfilade de lits ou coupées de boxes fermés d'un rideau, portes de plastique translucide conçues pour se soulever sous la simple poussée des chariots d'infirme. L'hospice contenait deux mille pensionnaires, ce qui représentait des kilomètres de couloirs.

Passé le porche principal, gardé par un homme en uniforme, on entrait dans le secteur de l'administration où se hâtait un personnel en tablier blanc et pèlerine bleue ; on était ensuite assailli par l'odeur des cuisines : une longue bouffée de cantine. On gravissait alors le grand escalier pour arriver dans les salles de déments et de démentes séniles. L'odeur de l'hospice vous attendait là : une odeur tiède, un fond d'urine et d'excréments, des traces de médicaments et de nourriture, le tout largement noyé dans un produit aseptisant. Elle vous pénétrait les narines par surprise, lorsque vous en preniez conscience elle était déjà dans votre sang, elle circulait dans vos jambes, dans votre cerveau, dans vos cheveux, sous votre peau, puis à travers, dans vos vêtements, où elle rejoignait l'odeur de l'extérieur. Vous ne l'oublierez plus jamais ; désormais vous la reconnaîtrez à la première bouffée, où que vous alliez.

Sans l'avoir prémédité j'avais commencé ma visite par la salle des démentes. Toutes se cristallisent pour moi en une seule image, celle d'une vieillarde nue sur son lit, une chemise blanche encore accrochée à un bras, maigre, édentée, quelques cheveux gris, elle marmonnait des choses avec un sourire vide, bougeait légèrement et promenait ses mains sur son corps d'un mouvement lent en se barbouillant de ses excréments. Rien ne me séparait, moi femme, de cette image du futur.

Après, je suis allée chez les hommes. Je me souviens mal de la salle des déments mais il me semble qu'il y avait moins de corps inertes, moins de cris, moins d'excréments. La vision que je garde de la vie masculine à l'hospice est celle des boxes : des vieillards voûtés, débraillés, mal rasés, faisant quelques pas inutiles dans quatre mètres carrés, organisant un semblant de vie et même de vie sociale dans une parodie épuisée de temps, d'espace et de motivations. D'autres sont assis sur leur lit ou sur une chaise, dans une immobilité totale, parfois leurs yeux vous suivent mais ne s'animent pas. Les démentes qui vous fixent ont plutôt l'expression farouche, tragique : désespoir ou accusation à l'état pur, dont votre silhouette mouvante n'est sans doute que le support indifférent.

CONNAÎTRE DES SURVIVANTS

Pendant une période que je ne saurais évaluer, je me suis mise à respirer au minimum pour ne plus absorber l'odeur, mes tympans se sont épaissis pour ne plus entendre, mes yeux sont devenus comme ceux des vieillards avec un couperet entre rétine et cerveau, mon cou s'est raidi pour ne plus voir les rangées de lits à droite et à gauche, tout mon corps s'est coincé entre la nécessité de m'approcher et le désir de fuir à toute vitesse. Je suis devenue semblable à eux, ne trouvant nulle part l'espace pour être jeune, vivante, en relation avec autrui. J'avais voulu connaître des survivants, mais je n'en voyais pas ici et ne trouvais personne à connaître.

Quelques mois passèrent. Je me forçais à travailler mais je travaillais mal. Je me réfugiais de plus en plus fréquemment dans le bistrot en face de l'hôpital. C'était un endroit sordide, très fréquenté par les pensionnaires de l'hospice. Les vieux et les vieilles buvaient, s'embrassaient, lançaient des allusions sexuelles ou scatologiques, riaient, s'endormaient, se réveillaient, recommençaient. Un jour où je me sentais particulièrement déprimée je vins m'abattre sur la banquette dans un coin du bistrot. Tout de suite mon attention fut attirée par trois pensionnaires qui festoyaient. L'une, Louise, était une femme assez forte, tassée, pour autant qu'on en puisse juger sous le vieux manteau qu'elle ne quittait jamais ; des mèches de cheveux platine s'ébouriffaient dans tous les sens, un rouge à lèvres très foncé lui dessinait la bouche bien au-delà du contour naturel, jusque sous la moustache qu'elle avait drue. Son visage était marqué de taches que je crus d'abord de pigmentation mais qui se révélèrent être de crasse. Ses ongles étaient noirs, à demi vernis d'une vieille laque sombre. Louise était d'une saleté étonnante et d'une incontinence qui s'apparentait à de la provocation : à elle seule elle empuantissait toute la salle du bistrot. Avec ses deux convives elle riait, racontait des histoires, portait des toasts, chantait des chansons début de siècle reprises en chœur par les deux autres, buvait encore. Sa joie était communicative. L'obscénité vide, les minables parodies érotiques avaient disparu autour d'elle, le bistrot se mettait à vivre. Louise avait quelque chose d'un phare émettant et attirant tous les désirs. J'avais envie de sa jeunesse. Brusquement je me suis levée, mon verre à la main, je suis allée vers elle, fascinée, et je me suis entendue dire péniblement : « M'sieurs-dames, est-ce que je peux m'asseoir avec vous... je suis triste ! »

C'est ainsi qu'en deux heures j'ai succombé à la séduction de Louise. Elle ne s'y est pas trompée : ce n'était pas l'ethnologue qui venait à sa table, mais quelqu'un qui avait besoin d'elle, de ce qui faisait sa raison d'être et que je venais de lui reconnaître publiquement. Notre relation garda toujours la marque de ce premier contact. Je n'ai jamais utilisé le magnétophone avec elle.

SUSPENDUS AUX LÈVRES DE LOUISE

Au cours des mois qui suivirent, nous passâmes de nombreuses heures ensemble. Je l'interrogeais et elle me parlait d'elle : son éducation chez les sœurs, son travail aux abattoirs de la Villette, sa vie avec son frère, son mari, son amant, tous bouchers à la Villette, sa période fastueuse de patronne de bar où, élégante, elle dansait, buvait, chantait avec les clients, sa première et dernière passion : Jean, rencontré quand elle était à l'hospice. Louise était une vraie conteuse : elle savait restituer l'atmosphère des rues, des scènes tragiques ou comiques, elle était tout entière à son histoire, elle s'animait, elle n'avait plus d'âge, et nous étions suspendus à ses lèvres.

Elle usait avec moi du même code de communication qu'avec les autres. La boisson était sa médiation privilégiée : le nombre des tournées, la taille des verres, leur contenu — vin ordinaire, vin supérieur, gnôle —, le ton qui accompagnait ses échanges marquaient les étapes des parades, des offres, des demandes, des rapports de force et d'amour. Mais Louise finissait toujours par donner plus qu'elle ne recevait ; la vie était pour elle une circulation entre les êtres dont elle supportait mal l'interruption. Elle réamorçait le désir dès qu'il s'engourdissait, et le sien triomphait toujours de l'apathie d'autrui.

Elle avait peur de la mort, mais aimait d'abord la vie. Elle aimait surtout Jean, son amant, de vingt-quatre ans son cadet. Il habitait un taudis à l'arrière du bistrot. Louise, qui avait soixante-seize ans, l'avait rencontré une dizaine d'années auparavant lorsqu'elle avait été hospitalisée pour cirrhose du foie. Dès qu'elle en avait été capable elle avait quitté l'hospice, avait traversé la rue, s'était installée dans une mansarde sans fenêtre et sans chauffage au-dessus du bistrot où elle passait ses journées. Ils se voyaient tous les jours.

A l'époque où j'ai connu Louise le désir de Jean déclinait et Louise ne pouvait s'y résoudre. De temps en temps elle disait : « J'ai peur que mon cœur s'arrête. » Quelques secondes plus tard : « J'm'en fous, y a eu Jean. » Et puis elle racontait inlassablement une jouissance qui n'existait plus.

Tant que Louise espéra que Jean la reprendrait, elle a continué à chanter, à rire, à boire, à insuffler son énergie aux épaves qui l'entouraient. Parfois elle essayait de se résigner et disait : « Il a besoin de faire l'amour trois fois par jour... et moi je suis trop vieille. » Mais rien n'endiguait vraiment sa jalousie et sa tristesse, la somnolence la prenait et ses éclats de joie se faisaient de plus en plus brefs et rares.

A Noël je partis quinze jours en vacances. Grâce à Louise et à l'amour que je lui portais, l'enquête avait bien avancé. Les vieillards de l'hospice avaient cessé d'être pour moi une catégorie inacceptable, ils étaient devenus des personnes âgées, certaines plus mutilées, d'autres plus attrayantes, mais toutes dotées d'une humanité propre.

AU FOND DE L'ENTONNOIR

Dans l'odeur et l'uniforme déchéance hospicielles, des vies, des personnalités avaient émergé qui retrouvaient une présence grâce à l'évocation de leurs souvenirs pour mon oreille attentive. L'intimité que j'avais avec Louise m'avait permis de faire un pont entre le dedans et le dehors de l'hospice, entre la catégorie sénilité et quelques êtres devenus chers que j'étais prête à accompagner dans leur inéluctable glissade au fond de l'entonnoir. J'avais encore à découvrir que je n'avais pas fait cette recherche par hasard, que j'étais épouvantée, sans l'avoir jamais su auparavant, par ce qu'on appelle à l'hospice la phase terminale, que je cherchais une issue à ce désastre et que, pour moi, Louise en incarnait l'espoir.

Quand je revins à l'hospice je passai d'abord au bistrot pour la voir. Elle était tombée dans la rue, inconsciente, noyée dans l'alcool et les excréments. Je la retrouvai dans un hôpital de banlieue, méconnaissable de propreté. S'engagea alors le dialogue le plus libre que j'eus avec un mourant durant ce travail.

LOUISE. - C'est dommage, c'est fini, je ne me relèverai pas.

MOI. - Est-ce que tu as envie de vivre ?

LOUISE. - Oh oui ! Je suis née trop tôt dans un monde trop vieux... *(rires)*... non, c'est le contraire... Jean vient me voir souvent... il est gentil... la patronne [du bistrot] est gentille... tous les copains sont gentils... Dis-leur bonjour à tous, à Paulo, à Charly, à Maxime...

T'as vu les percussions qu'on m'a faites ? (elle montre sur ses bras les ecchymoses des perfusions)... Bof... j'en sortirai pas...

L'expression du visage et le ton de la voix disent sans équivoque qu'elle ne demande pas de mensonge à ce sujet.

MOI. - Qu'est-ce que tu aimerais que je t'apporte demain ?

LOUISE. - Je veux un saut-de-lit en or... et puis ton pull-over.

MOI *(hésitation avaricieuse).* - Euh... il est cher...

LOUISE. - Ça fait rien, demande à Jean, mais demande-lui l'argent d'abord... il gardera ma pension...

MOI. - Pourquoi veux-tu qu'il la garde ?

LOUISE. - Ben, si je meurs... Bon, apporte-moi des polars. Dis à Jean qu'il m'en apporte... et puis je veux des bonbons moitié blancs, moitié noirs.

Elle se met ensuite à raconter les grandes beuveries du dernier Noël, elle en évoque d'autres du temps passé et conclut : « Je sais bien que ça fout en l'air de boire tant. Ah ! j'en sortirai pas ! »

Puis elle m'interroge sur Israël où je suis allée à Noël, sur la crèche, sur Bethléem. A la fin :

— Je compte sur toi et sur Jean pour le pull et les polars... je veux un saut-de-lit en or... j'ai eu de la chance pour Jean, pour les copains, pour ta visite.

Je l'ai serrée encore une fois dans mes bras. Je lui ai juré qu'elle s'en sortirait, mais sur le même ton rigolard qu'elle avait adopté pour me dire que c'était fini.

Elle est morte le lendemain matin [1].

MICHÈLE DACHER
Ethnologue

1. L'histoire et les résultats de cette recherche ont été publiés dans : M. DACHER et M. WEINSTEIN, *Histoire de Louise. Des vieillards en hospice*, Paris, Le Seuil, 1979, 247 p.

MICHEL CRÉPU

VISITATION, SÉPARATION

Je crois que j'ai sérieusement pris en compte la possibilité d'une intimité avec Dieu le jour où je suis tombé dans les *Confessions* de saint Augustin comme on tombe dans une caverne à trésor presque par inadvertance. Je ne résiste pas au plaisir d'en citer quelques mots : « Donne-moi, Seigneur, de savoir, de saisir quel est l'acte initial, invocation ou louange, connaissance ou invocation. Mais comment t'invoquer sans te connaître ? Sans connaître, on pourrait en invoquant, prendre l'un pour l'autre. Faut-il donc plutôt t'invoquer pour te connaître ? Mais comment invoquer sans croire et comment croire sans quelqu'un pour annoncer ? Louera le Seigneur quiconque le cherche. Qui cherche, en effet, le trouvera, et, trouvant, le louera. Puissé-je donc, t'invoquant, Seigneur, te chercher et, croyant en toi, t'invoquer, puisque tu nous as été annoncé ! »

L'événement pour moi en lisant ces *Confessions* qui sont, dans l'histoire de la littérature, la première fois qu'un homme parle de lui-même *comme ça,* ce n'était pas tant l'histoire d'Augustin lui-même que le fait que je prenais brusquement conscience du fait que moi aussi j'étais concerné au plus intime de moi-même à ce dont parlait le vénérable saint. Je réalisais que je pouvais avoir accès à cette expérience fabuleuse qu'il racontait avec une rigueur qui depuis n'a pas cessé de m'enchanter. C'était comme si quelqu'un m'introduisait à l'intérieur d'une maison dont je ne soupçonnais pas jusqu'alors à quel point elle m'était en réalité intrinsèquement familière. Un lever de rideau inattendu, immédiatement vécu dans une joie intense et la certitude qu'il ne s'agissait là que d'un prélude à un interminable chemin « miné ». La joie qui m'envahissait irrésistiblement était mêlée (mais je vois mieux maintenant que ce n'était pas un mélange mais la vérité même de cette joie) de la conscience non moins irrésistible que je serais rigoureusement seul à vivre cette aventure. Et le sentiment de cette solitude signifiait d'abord : cécité, déroute, patience, exil. La porte s'était ouverte pour se refermer aussitôt. Depuis, j'ai toujours lu le récit de l'Annonciation sous le signe de cette contradiction : à la venue de l'ange qui tutoie la Vierge au plus secret d'elle-même succède le silence d'après les grands départs. Une voix résonne inexprimablement et puis plus rien. Visitation, séparation.

ABRAHAM, MIGRATEUR SANS BOUSSOLE

On se fait souvent à tort l'idée d'une relation à Dieu passive : comme s'il s'agissait seulement de recevoir une évidence et d'y consentir en disant : « Oui, j'y crois. » Or si saint Augustin m'a transmis une certaine grâce du tutoiement dans ce domaine, il m'a aussi montré comment cette relation à Dieu supposait un décentrement de soi, l'expérience d'une excentricité. « Louera le Seigneur quiconque le cherche » : la donne est telle qu'il est impossible d'accéder à l'un sans passer par l'autre. On n'en finirait pas d'épuiser les merveilles d'un tel paradoxe : rencontrer Dieu, le nommer, supposant d'abord l'affrontement d'un inconnu hors duquel il n'y a pas de rencontre du tout, mais seulement des simulacres. Mais en même temps il n'y a affrontement que parce que la voix a résonné et que le désir a été sollicité : c'est le meilleur de l'homme qui est ainsi associé à l'aventure. L'intimité avec Dieu croît à la mesure d'un déploiement de soi-même : Abraham ne peut parler au Seigneur que parce qu'il est pleinement lui, Abraham, un homme simple, ce migrateur sans boussole, porté dans l'espace par la seule puissance de son approbation irréfléchie à l'impératif initial : « Pars ! »

Dans ce cas précis, l'intimité du tutoiement relève alors de bien autre chose que d'un dialogue qui aurait lieu dans un espace clos, protégé. Je dirais même le contraire : cette intimité-là suppose le dénuement, la vulnérabilité, l'exposition de soi à l'espace d'un Dehors plus grand que l'idée qu'on se fait de sa grandeur. Dieu est ce qui est en moi de plus intime, au-delà, si l'on peut dire, des frontières de l'intimité identifiable comme telle : son intimité coïncide avec l'impossibilité dans laquelle je suis de la saisir : comme si, à mesure que je réalisais l'extraordinaire incrustation de sa présence au plus enfoui de mes fibres, cette incrustation se révélait à la fois toujours plus secrète et débordante. Là non plus, on n'en finirait pas d'énumérer l'enchaînement vertigineux des paradoxes de l'expérience mystique, sans cesse prise dans le renversement perpétuel des évidences logiques : il n'y a pas plus intime que Dieu mais c'est précisément pour cette raison qu'il échappe... Les maîtres spirituels interdisaient (l'interdisent-ils encore ? Je l'espère...) au novice de trop s'attarder au spectacle du couchant : question d'optique bien entendu... C'était une façon de délimiter la frontière, de mettre si on veut la barre à une certaine hauteur : le coucher, si beau et si poignant soit-il au cœur de l'homme, n'est *rien* au regard de ce qui s'offre aux yeux de l'âme à qui il est donné de passer de l'autre côté des simulacres, selon l'antique sentence :

> « Voici, le ciel est en toi...
> Tu verras en toi les anges
> et leur lumière. »

LE VERBE FAIT CHAIR

Mais il faut préciser. Quel ciel ? Quels anges ? Quel Dieu ? Contrairement à une opinion répandue un peu partout, je ne crois nullement au seul résultat qui serait indépendant de la forme. Invoquer Dieu, c'est mettre en jeu des modes d'accès et de signification qui diffèrent radicalement d'une religion à l'autre. Or je ne connais aucune sphère religieuse autre que la sphère biblique (Ancien et Nouveau Testament compris) susceptible d'entretenir, sur le mode qui lui est propre, un tel rapport à la divinité. La différence en est que dans la Bible — et cela va s'accentuant au fur et à mesure qu'on se rapproche de l'apparition du Christ — Dieu n'est pas reçu comme une Idée mais comme une Personne. Et le catholique que je m'efforce passionnément d'être le sait fort bien : toute cette invraisemblable religion n'aurait pas le moindre iota d'intérêt si elle ne gravitait pas autour de la figure christique comme autour de son Autre, à la fois dénié et proclamé : sa pierre d'angle et son point de fuite. Qu'est-ce que le mystère de l'Incarnation sinon précisément le paradoxe poussé à son comble d'une distance irréductible en même temps que rivée au tréfonds de l'humain ? Nul Dieu que le Christ n'est entré à ce point en rapport d'intimité à la dérision des êtres parlants. Pour rien au monde je n'échangerai ce Dieu-là, le Verbe fait Chair, contre les divers « Grand Tout » qu'on me propose quotidiennement et qui font pour moi figure de plat de nouilles sans sel au regard de cette Parole dont l'Apôtre dit qu'elle est plus tranchante que le plus aiguisé des glaives. Et comme je préfère la prière chrétienne, celle aussi bien de Jacob au passage du gué lorsqu'il lutte avec l'ange pour lui arracher la bénédiction aux chuchotis materneux des adeptes d'une Transcendance neutre, relaxative, schizoïde, repliés sur eux-mêmes comme des fœtus vieillis, non dépliés !

Je ne connais guère que ces fabuleux dessins bibliques de Rembrandt pour donner, ne serait-ce qu'une petite idée de ce que j'essaie bien maladroitement à mon tour d'exprimer : ces courbes acérées et douces, ces coups de griffes précis, enveloppants, cette rigueur dans le tourbillon des gestes, le secret des attitudes, cette façon de ciseler amoureusement l'émotion des corps en proie à l'Autre, tout cela qui fait l'histoire, la seule au fond qui compte vraiment, qui a lieu dans les sous-sols du moi chétif et masqué en surface, suspendu à son fil intérieur comme au-dessus d'un gouffre...

La liturgie catholique de Pâques, lorsqu'elle s'apprête à fêter l'événement de la Résurrection, évoque la « *felix culpa* », la « bienheureuse faute », sans qui rien de tout cela ne serait arrivé sinon un ennui énorme et pesant qui nous laisserait errer sur les rives du monde comme ces créatures pâlichonnes qu'on voit passer sur les toiles du XIXe siècle préraphaélite : pas d'accident au départ, pas de faute pour ébranler le désir d'histoire, pas de séparation, pas de réconciliation, rien quoi. On ne dira jamais assez comme le modèle omniprésent de la fréquentation judéo-chrétienne de Dieu est celui de la scène de ménage. Un corps à corps soutenu, indéfiniment repris, avec ses zones de calmes et ses grands rugissants. Tout y est : jalousie, séduction, mensonge, tromperie, retours répétés au bercail, adieux fracassants, ardeurs soudaines et furieuses. Comment, dans ces conditions, ne pas être preneur ? Mille fois preneur ?

MICHEL CRÉPU
Journaliste

LE RELIGIEUX AU QUOTIDIEN

entretien avec
CLAIRE, LAURE ET SOPHIE
Trois jeunes catholiques

ON OBSERVE AUJOURD'HUI LE RETOUR À UNE MORALE RELIGIEUSE PLUS EXIGEANTE, PARFOIS INTRANSIGEANTE, AU SEIN DE PLUSIEURS RELIGIONS. DANS LE CAS DU CATHOLICISME, CE « RAPPEL À L'ORDRE » S'EXPRIME CLAIREMENT À TRAVERS CERTAINS PROPOS TENUS PAR LE PAPE, LORSQU'IL ÉVOQUE « LE REGARD CONCUPISCENT DU MARI SUR SA FEMME », OU BIEN LORSQU'IL CONDAMNE « LE RECOURS AUX PÉRIODES INFÉCONDES DANS LA COEXISTENCE CONJUGALE ».
LA CONTRACEPTION, L'AVORTEMENT, LE DIVORCE, L'HOMOSEXUALITÉ, LA FAÇON DONT NOUS GÉRONS NOTRE VIE INTIME EST-ELLE COMPATIBLE EN 1986 AVEC CES LOIS RELIGIEUSE ?
CLAIRE, LAURE ET SOPHIE, TROIS JEUNES CATHOLIQUES DE 22 À 26 ANS, VIVENT OU ONT VÉCU UN PROFOND ENGAGEMENT RELIGIEUX QUI LES PLACE FACE À DES CHOIX PARFOIS DOULOUREUX. ELLES RACONTENT LA COEXISTENCE ENTRE LEUR VIE DE JEUNES, INTÉGRÉES ET ACTIVES DANS LA SOCIÉTÉ, ET LEUR ADHÉSION À L'ÉGLISE.

Autrement. - Comment vous situez-vous par rapport aux propos du pape concernant la sexualité ?
Claire. - Je pense que l'on peut avoir des relations sexuelles en s'aimant sans pour autant faire des enfants. L'Église catholique autorise les méthodes naturelles.

Ce n'est pas ce qu'exprime le pape dans ces propos condamnant le recours aux périodes infécondes.
Claire. - Oui, ce qui est mauvais, c'est l'abus de calcul. J'ai l'impression que le pape s'adresse aux couples qui ont recours aux méthodes autorisées dans un mauvais esprit, un esprit de contraception. Cela revient presque à prendre la pillule.

Sophie. - Je trouve que cela situe l'homme et la femme uniquement par rapport à la contraception, mais qu'on ne parle pas d'amour. Or l'acte sexuel c'est quand même l'amour, c'est quelque chose de sain.
Claire. - Non, l'Église ne dit pas que le couple n'est fait que pour procréer ; mais elle établit un lien entre l'amour et la procréation. Elle fait la comparaison avec l'amour entre les trois personnes de la Trinité, l'amour entre le Père et le Fils qui engendre l'Esprit saint. Elle ne conçoit pas l'amour à deux ; il faut être trois, ensemble faire jaillir autre chose pour que l'amour soit vraiment fécond.
Laure. - Pour moi, l'Église, c'est un véritable problème, parce qu'il faut être dans la norme. Si tu n'y es plus tu es rejeté.
Claire. - Je pense que tu interprètes.

Pourtant l'Église est claire : se marier, ne pas avoir de relation sexuelle en dehors du mariage, ne pas divorcer,

ne pas avoir recours à la contraception ni bien sûr à l'avortement, ce ne sont pas des conseils mais des règles. Que se passe-t-il lorsqu'on les transgresse ?
Claire. - Les règles, c'est un idéal vers lequel l'Église veut nous faire tendre. Elle reprend ce qui est dit dans l'Évangile ; le Christ donne des conseils assez précis, par exemple : « Ce que Dieu a uni que l'homme ne le sépare pas » en ce qui concerne le divorce. Mais il ne condamne pas ceux qui n'y arrivent pas.

Laure. - L'Évangile ! L'Église avec un grand E, condamne ! C'est cette différence entre les Écritures et l'Église qui me gêne.

Claire. - L'Église condamne les actes mais jamais les personnes.

Laure. - Mais de quel droit ? de quel droit ?

Sophie. - Moi, je le comprends ; la contraception n'est pas dans la logique humaine, ce n'est pas naturel.

Laure. - Je crois que l'Église condamne la contraception parce que ça donne une nouvelle liberté à l'homme et à la femme. L'Église a trop peur de cette liberté.

Claire. - La contraception est un problème très discuté ; mais prenons le divorce qui est un lien plus direct avec l'Évangile. Je le vois dans le sens d'une ligne donnée pour que l'homme s'épanouisse le mieux possible, une ligne directrice qu'il faut essayer de suivre comme un idéal. Je crois au Christ, je crois qu'il a vécu et que ce qu'il a dit est vrai, *a priori* ; donc j'essaie de le vivre. Si humainement j'ai tendance à raisonner de façon contraire, je ferai d'abord ce que le Christ a dit parce que je crois *a priori* qu'il a raison.

Rencontres-tu des contradictions entre tes propres convictions et ce qu'a dit le Christ ?
Claire. - Non. Mais il se peut que pour certains catholiques ça soit différent.

Tu as parlé d'« épanouissement ». Le couple qui ne s'entend ou ne s'aime plus, vit-il dans des conditions épanouissantes ?
Laure. - Moi, en tant que divorcée aujourd'hui, est-ce que j'aurais dû suivre ma morale chrétienne ? Parce que j'y croyais, je crois en Dieu ; maintenant, il y a beaucoup de choses qui sont bouleversées dans ma tête. Mais est-ce que j'aurais dû laisser mon épanouissement personnel de côté ?

Claire. - Il y a une contradiction entre ce qu'a dit le Christ et ce que tu penses, toi. Le problème, c'est ce que tu fais passer en priorité.

Sophie. - Moi, je vis en tant qu'humaine et que chrétienne et j'essaie de concilier les deux.

Et lorsque tu n'y parviens pas ?
Sophie. - Je vis la contraception et ça ne m'empêche pas de mener ma vie de chrétienne.

Mais sur ce point précis, tu es en contradiction ; tu es en dehors de la loi.
Laure. - En fait, tu te construis ta petite morale chrétienne.

Sophie. - Peut-être.

Laure. - C'est ça le drame. Chacun a fini par se bricoler sa petite vie chrétienne.

J'ai divorcé ; imaginez le déchirement entre ma morale chrétienne et ma morale personnelle ! Je voudrais faire comprendre que quand je me suis mariée il y a trois ans, je l'ai fait devant Dieu ; j'y croyais fermement, j'ai dit un oui très fort et très profond. Et trois ans plus tard je trahis. Comment voulez-vous que je vive cette trahison ?

Qui trahis-tu ?
Laure. - J'ai commencé par trahir Dieu avant de me trahir moi-même. Mais je voulais sauvegarder mon épanouissement personnel. J'ai fait le choix, j'ai été obligée de trancher. Quand j'ai senti ma trahison avec Dieu, je me suis

dit que je ne pouvais plus me présenter devant lui. J'ai essayé de mettre un pied dans une église ; c'était l'effondrement total, impossible, il fallait que je ressorte ; j'étais en larmes. Donc la pratique religieuse, impossible pour l'instant. Mais je n'ai pas fait une croix sur Dieu.

Lorsque nous avons évoqué les règles morales catholiques tu as demandé de quel droit tout cela. Peux-tu expliquer ?
Laure. - Je ne supporte pas qu'on m'impose. J'ai vécu mon enfance dans la morale catholique. Avec mon divorce j'ai réalisé que j'avais été complètement aveuglée et que je vivais comme tout le monde : aller à la messe tous les dimanches, etc. J'y croyais mais ma foi était superficielle. Depuis que je suis en dehors, j'ai pris du recul et je ne veux plus de cette superficialité.
Quand je me suis mariée, nous avons eu un entretien avec le prêtre sur la fidélité dans le mariage, ça m'a posé un gros problème. Nous avons choisi un texte sur le désert. Une messe de mariage avec un texte sur le désert ! Je n'arrive pas à concevoir que l'on puisse n'avoir dans sa vie qu'un seul amour. Peut-être parce que je suis une nature passionnée. Un seul amour, ce n'est pas possible ! On est humain !
Claire. - On est humain, c'est pour cela qu'on trahit Dieu continuellement. Le problème se pose lorsque la loi se heurte à notre intime conviction ; que faire ?
J'ai de la chance, mon intime conviction est en accord avec la loi. Je n'ai jamais eu de rapports sexuels, je n'ai jamais flirté et j'attends de me marier. Ce n'est pas un problème qui m'omnubile. Je le vois avec beaucoup de sérénité ; je vis, je suis heureuse.
Laure. - Quand et comment pourras-tu dire à un homme que tu t'engages à vie ? Moi aussi j'ai cru que c'était à vie !

Claire. - En cas d'erreur, c'est douloureux ; mais le but, c'est le bonheur à long terme. Dans le cas du divorce, on doit sacrifier son bonheur sur terre.

Sophie. - Mais la vie n'est pas faite de passivité !

Laure. - Moi, j'ai fait un choix, mais je suis déchirée entre ce choix et mon idéologie chrétienne.

Et que te dit-elle ?
Laure. - J'ai peur qu'elle me juge. Cela fait des mois que je vis avec ça. Certains m'ont dit : « Tu n'es plus fréquentable parce que tu as divorcé et tu ne pourras pas te remarier à l'église. » Ça me trouble profondément car j'espère refaire ma vie et avoir des enfants, mais l'Église ne le veut pas. Je veux me remarier, mais à l'église.

Tu veux te remarier au sein d'une Église qui t'a rejetée.
Laure. - Non, c'est moi qui l'ai trahie par rapport à un engagement que j'avais fait en toute liberté.

Éprouves-tu un sentiment d'injustice ?
Laure. - Totalement ; je me sens mise dans une case qui s'appelle « divorce ». J'étouffe et j'ai envie de tout casser. Depuis des mois j'ai l'impression de marcher avec un petit chariot « divorcée » derrière moi. C'est terrible, terrible, de marcher avec son petit chariot derrière soi. J'ai l'impression d'avoir perdu Dieu.

Quand votre vie intime fait l'objet de jugements, avez-vous le sentiment d'une atteinte ou d'une ingérence dans votre intimité ? Prenons l'exemple de l'homosexualité. Comment ressentez-vous cette condamnation d'une sexualité différente ?
Laure. - L'Église n'accepte pas la différence.

Claire. - La loi est valable et universelle, même en ce qui concerne les problèmes intimes.

Laure. - Je dis qu'aujourd'hui, en

86, vivre selon la morale chrétienne, c'est quelque chose de dur, d'extrêmement dur.

Et avant ?
Laure. - Avant, on était tellement coincés qu'on se cachait derrière ça et tout le monde était bien.
Claire. - Pendant longtemps rien n'a été remis en question, il y a eu des abus, donc tout a éclaté. Les gens se croyaient dans la loi en obéissant bêtement aux règles. Le mot loi me gêne ; on a l'impression que c'est quelque chose qui emprisonne, alors qu'au contraire, moi, j'ai le sentiment que ça me libère.
Sophie. - Moi, j'ai enfreint la loi en me faisant avorter. Je suis anormale et je resterai anormale. On ne peut pas retourner en arrière.
Claire. - Si, en regrettant, en te repentant, en ne répétant pas ton acte.

Vous avez parlé à plusieurs reprises de conviction « humaine », d'épanouissement « humain » par opposition à la morale chrétienne. Cela signifie-t-il que cette morale n'est pas humaine ?
Laure. - Je n'ai jamais pensé que c'était humain. Les Écritures, c'est humain. Mais ce qui me révolte, c'est l'Église, ce que les hommes ont voulu en faire.

Vous ne m'avez pas répondu : cette morale constitue-t-elle une atteinte à votre intimité ou bien une aide à vivre ?
Laure. - Ça m'atteint, ça me dérange, ça me viole. Je ne suis pas à l'aise avec.

Sophie. - Je n'ai pas le sentiment d'être jugée. Je distingue toujours ce qui est religieux de ce qui est humain.

Qu'est-ce que l'intime pour vous ?
Sophie. - C'est ce qui nous touche au plus profond de nous-mêmes. C'est ce qu'on montre à Dieu mais pas aux autres ; une espèce de complicité avec Dieu.

Claire. - Pour moi, l'intime, c'est ce qui est fondamental, le cœur de notre personne, ce qui est vrai ; ce qu'on peut cacher aux autres parfois, parce qu'on se cache tous.

Laure. - Pour moi, l'intime c'est un artichaut. Les feuilles, ce sont nos masques, tout ce qui est voilé, et le cœur c'est mon intime. C'est moi avec un grand M.

Est-il nécessaire qu'il soit caché ?
Laure. - Oui, c'est fondamental. Quelquefois, c'est gênant que Dieu connaisse notre intime ; j'ai la sensation d'être violée par lui, je sens qu'il me regarde, comme si j'étais nue et qu'il y avait un voyeur en train de me regarder avec des jumelles.

propos recueillis par
NICOLE CZECHOWSKI

LA MAIN DANS LE SAC[1]

LA RELATION INTIME DU KLEPTOMANE AVEC L'OBJET QU'IL S'APPRÊTE À DÉROBER, AVEC SON BESOIN DE VOLER, AVEC LES SENSATIONS QUE LUI PROCURE SON ACTE. MARTINE ET PEDRO RACONTENT ET TENTENT D'ANALYSER LEUR KLEPTOMANIE.

MARTINE

D'abord il y a le goût du risque. Si je vole, je vais rester huit ou quinze jours avec ce goût du risque en moi. Peut-être va-t-on porter plainte, peut-être va-t-il se passer quelque chose de fort. C'est dommage parce que je pourrais risquer ma vie autrement.

Il y a une chose importante, c'est le moment où je vais voler. Je sais tout ; tout ce qui va se passer avant, après, tout ce que ça engendre, toute la peur des gens, parce que je vole n'importe qui ; il y a ce plaisir du risque.

Je vole toujours de la même façon, toujours par envie. J'ai commencé toute petite en volant des boîtes de peinture et de beaux stylos qui brillaient, des choses que je jetais après de peur qu'on me découvre.

Parfois je me dis que de la même façon je pourrais tuer ; c'est-à-dire qu'un jour, j'aurai peut-être un moment d'une force telle que je serais amenée à tuer.

Il y a toute l'impossibilité de communiquer ; je ne peux pas te demander cent balles ni un bouquin de ta bibliothèque parce que je n'oserais pas. Il y a chez moi une timidité totale ; je ne vais pas te demander ton bouquin, donc je vais te le voler .

Je me souviens d'une autre chose, quand j'étais très jeune : piquer des fruits dans une coupe de fruits chez des gens qui t'ont invitée à prendre l'apéritif, avant de passer à table ; ne pas oser demander la permission de prendre un fruit. Pas avec les cigarettes, les cigarettes c'est normal.

Je ne me sens pas normale. Pas dans le fait de voler, mais ce n'est pas normal de savoir demander une cigarette et de ne pas oser demander un fruit, une fraise. Il y a une dimension que je saisis mal. Ç'a un rapport avec la normalité ; c'est normal de demander une cigarette mais pas d'avoir envie d'un fruit.

Dans le plaisir, car ça rejoint le plaisir, je crois que le vol a un rapport avec la sexualité. Je parle de ça parce qu'ici il y a beaucoup d'objets en cuir. Le cuir, c'est sensuel. Je pourrais faire l'amour sur du cuir, il y a tout un contact avec le cuir. Je travaille le cuir, c'est pas pour rien. Le vol a peut-être un rapport avec la sexualité ; si je regarde bien, je vole des gens avec qui je ne fais pas l'amour, avec qui je refuse de faire l'amour. Mais il faut bien que je leur prenne quelque chose, parce que j'ai avec eux tout un jeu de séduction : je fais en sorte que les gens me demandent quelque chose de leur corps ou de mon corps, d'un contact de corps à corps, de peau. Et moi je ne leur donne rien, surtout pas, mais par contre je vais leur prendre quelque chose parce qu'ils n'ont pas le droit de me demander. Si tu m'ennuies avec ton corps, si comme ça tu me demandes des choses dans le corps physique, moi je vais te piquer quelque chose.

J'ai peut-être une agressivité dans mon corps, dans mon attitude, qui fait que je vais forcément être accusée. Quand je suis accusée, là je ne sais pas me défendre. Toute la terre peut m'accuser de vol, étant donné que j'ai volé depuis l'âge de cinq ans et que je n'ai jamais su m'en défaire ; je ne sais pas me défendre.

Ça fait trente ans que je suis coupable.

Je voudrais dire que je me sens sans limites. J'ai une fierté dans le vol ; à la limite j'aimerais voler comme les grands, le vol des coffres de Marseille ; travail parfait, aucune empreinte. C'est aussi beau que de jouer sur une scène de théâtre, c'est un vol avec grandeur, avec noblesse. Pour moi, le vol c'est quelque chose de noble.

C'est un jeu difficile, parce que je vais me faire piquer pour cent balles, qu'est-ce que ça veut dire ?

Pourquoi se faire piquer pour cent balles ? Perdre sa liberté. Je lutte avec la prison tous les jours. Il y a toujours cette tendance en moi, c'est moi ou les autres ; un jour je peux être derrière les barreaux moi aussi, et quelque part ça m'attire. J'ai un souvenir d'enfance où ma mère m'avait fait un écriteau qu'elle me posait dans le dos et que je devais porter quand je jouais avec mes copains dans la rue. C'était écrit : JE SUIS UNE VOLEUSE. C'est un écriteau qu'on remettait tous les jours sur le portemanteau, un peu comme une veste qui prend la forme du dos, quoi ! Ça m'a marquée, je m'en suis toujours souvenue, et je lui en veux de m'avoir fait porter cet écriteau parce que j'ai l'impression que je ne pourrai jamais m'en défaire.

Pour éprouver un plaisir avec quelqu'un avec qui je vis, il faut que je l'achète ; en l'invitant au restaurant, par exemple, en lui payant sa place au cinéma, en lui faisant des cadeaux, en faisant toujours des cadeaux. Il faut que j'achète la personne. Par contre, par rapport au fric qu'on a pu me voler, mes élèves par exemple, dans mon portefeuille, j'ai une attitude bizarre ; je n'arrive pas à leur en vouloir de m'avoir volé cet argent. C'est la rançon de ce que je fais, moi, par ailleurs, comme si, de toute façon, il était évident qu'un jour ou l'autre il fallait que je paie ce que je fais.

Tout le temps j'ai peur
avant
au moment où ça se passe
et puis après.

PEDRO, VOLEUR D'AFFECTS

La kleptomanie, c'est une sorte de recherche, d'obsession, la possibilité pour moi de prendre quelque chose qui ne m'appartient pas. J'ai essayé d'analyser. Instinctivement, je me trouve dans des situations où je veux m'approprier un objet chargé d'une forte affectivité pour son propriétaire ; c'est cet objet-là que je veux. Les principes moraux m'empêchent de voler des objets de valeur, mais une photo, une lettre, un souvenir, je n'ai aucune crainte de le faire.

C'est surtout avec des gens que je connais, avec qui j'établis un rapport, un *feeling,* qui manifestent un fantasme vis-à-vis d'un objet.

Ça m'est arrivé plusieurs fois, par exemple une jeune fille sur la plage me montre une médaille et me dit : « Regarde le cadeau que m'a fait Pierre. » Je la pousse à parler pour voir si elle y attache une véritable valeur affective, et quand je découvre qu'elle y tient vraiment, je veux le garder pour moi. C'est probablement une manière de m'approprier les autres à travers ce qu'ils aiment. Ç'a un rapport avec la sexualité. Un ami me montrait toujours les lettres que lui envoyait un autre ami, et un jour je les ai prises ; je les voulais pour moi. Elles parlaient beaucoup de sensations très érotiques.

Il m'est arrivé une histoire très intéressante avec une vieille dame, une clocharde ; elle me parlait de sa jeunesse en me montrant un tas d'objets, des petits trucs, petites pierres, photos, lettres, etc. Je l'ai invitée à boire un verre. Elle avait à côté d'elle son petit sac tout minable où elle gardait ces choses-là ; j'ai profité d'un moment où elle était un peu distraite, je l'ai pris et je me suis taillé.

**1. Extraits de l'émission « Les kleptomanes »
réalisée par Nadine Vasseur
pour le *Panorama* de France-Culture (1983).**

SERGE VALETTI

UN DEMI-SIÈCLE SUR AGENDA

Bien sûr, se promener, la nuit, dans les rues d'une capitale, c'est tout à fait normal. Ramasser par-ci par-là des objets qui se trouvent par terre. Laisser porter ses yeux sur des endroits obscurs, c'est aussi sensé que de rester chez soi à siroter un soda. Pas besoin de traiter le premier venu de clochard parce qu'il se baisse pour ramasser une boîte de chocolats. Rond comme devant, gros Jean derrière. Pas besoin de lever les yeux au ciel pour si peu. Quel est le plus fou des deux hommes qui trouvent quelque chose par terre ? Celui qui le ramasse ou celui qui ne le ramasse pas ? Les deux bien sûr, c'est évident. Mais l'évidence là-dedans, c'est un peu comme se fourrer le doigt dans l'œil et recommencer parce qu'on trouve ça bon. Un vieux lit, on ne va pas le ramasser. Un billet de cinq cents francs, si ! Quelle est la différence ? Bande de lâches. Traiter de lâche un lâcheur, oui, mais pas un pauvre type qui ramasse un petit truc.

Et que dire du paumé, traînant la savate, en pleine nuit noire, par pure coïncidence, qui ramasse une vie ? Tu sais ce que c'est que de ramasser une vie ? La vie de quelqu'un, qu'on ne connaît pas au moment où l'instant décrit plus haut se produit. Clac ! Ça se referme sur toi comme la porte verrouillée d'un caravansérail yougoslave. On se frotte les yeux et on n'y croit pas. Tu longes un trottoir qui mène vers chez toi, où tu vas t'endormir dans tes bras. Et puis un petit éclair, une lueur qui te détourne le regard vers elle-même. Déjà. Je ne sais pas. Que dire ? Que penser de tout cela ? Elle t'aime, te dis-je déjà. On se penche, on se baisse, on s'accroupit même au point où on en est. On ne sait plus ce qu'on fait. On sent sa propre haleine chaude qui se frotte sur le palais. Elle s'appelle Hélène... ? Non, tu t'approches, Suzanne, elle s'appelle Suzanne. Tu n'en crois pas tes yeux. Elle est là, étendue sur le trottoir, à te regarder avec ses yeux de carton. Une photo jaunie, au dos était marqué Johnny !

Tu rêves, tu te dis que peut-être, même tu te dis que sûrement, tiens, oui, tu te dis que sûrement tu dois être en train de dormir. Ça s'appelle rêver. Tu te dis que tu rêves. Elle est là, à te regarder. Tu la prends dans ta main. Tu ne sauras qu'après son véritable poids... C'est pas vrai ! Quatre-vingt-cinq kilos dans le creux de ta main. Tu tournes une page... Et puis commence la folie... Les pensées, les siennes qui prennent tout de suite la place toute chaude des tiennes. Car les tiennes, elle s'appelle Suzanne, elles ne sont plus à toi... Tu avises aussitôt deux filets à provisions. Les siens, sûrement. Et tu ranges tous ces petits morceaux de papier dans les filets.

ÇA RESPIRE, UN CERVEAU

Il y a aussi une vieille perruque. Comme tu es fou, tu prends aussi la vieille perruque. Tu es fou, je te dis, c'est un moment de folie pure. Une extase de moment. Un momentané insurmontable. Et puis tu cours ou tu marches, pour vite rentrer chez toi, c'est à des kilomètres, mais ça te paraît une minute parce que tu n'as plus ton cerveau. C'est le cerveau de Suzanne qui est en train de respirer parce que ça respire, un cerveau... On a l'impression qu'elle sent le vent frais lui tapoter les joues. Tu ne sais pas où tu vas, tu ne sais pas que tu vas chez elle, que c'est fini, qu'au moment où ça a commencé c'était déjà fini. Elle était devenue toi en un dixième de seconde. Au moment où tu avais compris ce qui c'était passé, il était trop tard. Il suffisait de ne pas comprendre. Tu es un petit garçon qui court dans la nuit en portant la vie de quelqu'un, en portant ce quelqu'un au bout de tes bras, dans des filets à provisions... Et les cheveux de la perruque qui roulent en traversant la rue, au vent, dans les filets... Incroyable... N'est-ce pas ?

Et puis tiens, tu es dans un état que, presque, je dis, presque tu tapes à la porte avant d'entrer chez toi. C'est pas beau ça ? On dirait du Félix O'Hara. Tu jettes les filets sur ton lit au lieu de te jeter, toi. Et tu commences à trier, comme si on pouvait trier une vie. On peut, tiens, on peut. Tu te rends compte, grâce à son cerveau qui avait été il y a bien longtemps le tien, que tu viens de ramasser dans la rue une trentaine d'agendas... Des lettres, des photos, deux ou trois livres, des lettres, encore, des notes manuscrites, une vieille perruque... un petit chemisier. On ne l'avait pas vu tout à l'heure parce qu'il est presque plus petit que la perruque. C'est te dire l'instant de folie. Jusqu'où ça remonte. Quelques neurones qui te restent, crient et hurlent à la nuit. Jusqu'où ça remonte ? Ils sont fous, ces neurones ! Tu cherches, tu re-tries, et tu re-re-tries parce que tu es fou. Je le répète parce que les fous, ça répète. Alors puisque tu es fou, tu répètes. Tu cherches. Je me tutoie, la preuve... 1927... Vingt-sept. Quelques petites lettres. 33... 45... Déjà trois heures du matin. Tiens, un de 76. Son cadavre doit être encore chaud. Tu ranges tout et tu t'endors. On verra plus clair demain.

NE PAS FINIR MA VIE AVANT D'AVOIR COMMENCÉ LA SIENNE

Le lendemain tu te réveilles, tu vois un tas de chiffons, de la paperasserie qui te regarde. Alors tu n'en peux plus, tu prends un agenda. Tu le reposes et tu vas jeter la perruque parce qu'il ne faut tout de même pas exagérer. Si jamais elle est morte du cancer du cheveu. Je veux pas finir ma vie avant d'avoir commencé la sienne. Et d'un bond, essayant d'entrer chronologiquement dans cette vie, tu te mets à la voir en petite fille de vingt ans dans un salon d'un appartement d'une rue près du Jardin des plantes. Ça se passe à Paris. C'est bien, tu connais les lieux. Elle se dispute avec son père. Et chaque jour elle marque pour toi dans son petit agenda ce qu'elle a fait dans sa journée. Elle te dit qu'elle n'est pas très belle, tu t'en fous. Je suis pas du genre à me coincer la quéquette dans un agenda. Elle te dit qu'elle a pensé que le jeune homme (un poète nègre) qui avait frôlé son genou dans l'autobus de la rue du Bac et qui était si gentil, l'avait regardée avec un petit sourire qu'elle en a peut-être rougi, pense-t-elle, parce qu'elle a senti une chaleur légère lui couvrir les pommettes...

Et tu fonds en larmes de ne pas savoir ce qu'est la vie. Parce qu'être dans le cerveau de quelqu'un, c'est un combat qu'elle livre contre toi. Tu comprends. Quand c'est quelqu'un qu'on ne connaît pas, c'est différent. On dirait que c'est surnaturel. D'ailleurs ça doit être cela, le surnaturel. Quelque chose qui ne peut pas arriver et quand ça arrive, on se dit que c'est surnaturel. On est bête. C'est ça. Alors trois mois plus tard on se dit, dans un coin de pensée que peut-être, ce qui serait bien, ce serait de taper tout ça à la machine à écrire parce que c'est illisible, il faut bien le dire, de le retranscrire donc et de le montrer à des gens... Et on commence le travail, on se dit que ce n'est qu'une formalité. Bien sûr on a survolé l'ensemble de l'œuvre mais on se dit que c'est facile, eh bien, on se trompe.

Je prends par le début. Autant faire comme tout le monde. Peut-être l'erreur vient-elle de là ? J'aurai dû commencer à réécrire le tout par la fin. Par le dernier agenda, celui qui jouxte sa mort. Enfin... j'ai préféré la naissance. Et tu commences donc à t'abîmer les yeux. Tu vas lui donner tes yeux et tu ne le sais pas encore. C'est depuis ce temps que je devrai porter des lunettes. Tu poses le premier agenda, celui de 1927 sur ta table à côté de la machine et tu commences à écrire :

« 1er janvier 1927. Il a fait très froid. J'ai emmené des petits gâteaux chez Mme Cormier. Jacques n'était pas là. J'espère qu'elle les lui donnera en lui disant que c'est moi qui les ai apportés. Soir, Papa a fait encore scène. »

LA PROXIMITÉ DU PASSÉ

...Là tu prends une grande respiration et tu vas te servir un grand scotch double bien tassé. Tu t'assois dans le fauteuil derrière ton verre. Et tu penses que ce que tu vas te mettre à faire, ça va être terrible. D'abord, en 1927, tu n'étais pas né. Tiens, même pour te dire si tu n'étais pas né, tes parents ils ne se connaissaient pas. Ils étaient tout petits. Tes deux grands-mères à toi, tiens, où elles étaient ? Faut pas exagérer. Elles connaissaient les grands-pères. Ils étaient jeunes. Vingt-sept. Deux ans avant le krach boursier de 29, c'est dire si tu es fort en histoire contemporaine. En fait, l'impression première, c'est de penser que les deux couples formant tes grands-parents étaient à 800 kilomètres de Mme Cormier. Qu'au lieu d'aller lui porter des chocolats, ce jour-là, où il faisait très froid, tu aurais pu aller les voir. Ce qui saute aux yeux, tout compte fait, c'est la proximité du passé. De quand on n'était pas né.

Bien sûr, tu replaces tout dans ton histoire à toi. Et tu te dis que quand même. Se mettre comme ça un soir à revivre toute une vie. Et de femme en plus, c'est une chance que peu d'hommes ont dans leur vie. Bien sûr, au premier abord tu te dis que tu n'en as rien à foutre de Mme Cormier. Mais ce qui te travaille, c'est que ça ait eu de l'importance pour Suzanne, que tu as ramassée dans la rue cinquante ans plus tard. Et tu penses que l'écriture, c'est une belle saloperie. Et encore ça, c'est juste pour une journée, alors tu imagines un an. Un an entier de 27 à 76... Jour par jour... Suzanne, elle va s'acheter une glace... Suzanne, elle va manger douze huîtres... Elle s'achète un livre sur la culture des géraniums. Elle va prendre un café au Globe. Elle dit au garçon qu'il fait froid. Elle a rendez-vous au tribunal pour son divorce. Elle n'y va pas. Son avocat l'engueule. Son père lui fait la tête. Sa sœur est malade, elle meurt. Toi, tu lis : « Jo meurt ! » Tu te crois dans un vieux polar de la Metro Goldwyn Mayer quand tu lis « Jo meurt ! ». En fait Jo... elle s'appelle Josette et elle meurt dans son lit d'une sans doute pneumonie...

Que tout à coup tu penses que dans la perruque il y avait encore des bacilles de Koch. C'était la perruque de Jo ! Et tu vas bien voir dans la poubelle si tu l'as bien jetée, il y a trois mois. Tu y vas, elle n'y est plus. C'est donc que tu l'avais jetée, ou tu ne sais plus quoi. Tu es prêt à ouvrir un carnet pour marquer : « Aujourd'hui suis allé à la poubelle pour voir si j'avais bien jeté la perruque de Jo au bacille de Koch. Mais elle n'y était plus ! » Et tu penses que si dans trente ans quelqu'un lit ça, il se dira : quand même, la vie, c'est une drôle de chose... Suzanne va chez son avocat, elle marque : « Vais chez Maître... ! » Et il lui apprend qu'elle a divorcé à ses torts pour non-consommation du mariage... Et trois ans après, ce même avocat, qui doit être mort à l'heure où je vous parle (Que c'est doux de parler en heures... On a l'impression de vivre) ce même avocat, dis-je, la dépucelle dans une chambre de bonne du boulevard Saint-Marcel. Au troisième étage. « Ai apporté gâteaux. Lui champagne. Ça y est ! » Elle a trente-trois ans et elle vient de connaître l'amour pour la première fois.

LE FANTÔME DE SUZANNE DANS MES TIROIRS

Et puis il y a : Suzanne va chez le médecin. Suzanne va chez le papetier. Suzanne veut écrire. Suzanne fait des poèmes. Plus tard Suzanne rencontre Untel. Puis couche avec Untel. Et le reste, et tu as l'impression de passer ta vie à coucher avec des hommes que tu ne connais pas. Ça te prends trois mois de ta vie. Et tu te retrouves avec 400 pages qui sont le fantôme de Suzanne X, qui roucoulent dans les tiroirs de ton bureau. Et toute la journée elle te dit : Quand c'est qu'on sort ? Quand c'est qu'on me connaîtra ? Ils savent, eux, qui je suis ? Je te l'ai dit à toi, Serge, regarde. A lui, montre-le, à elle, montre-moi... Comment je suis. Et ma sœur, et mon beau-frère, les ordures. Qu'ils voient les gens pourquoi j'ai fini toute seule dans cette poubelle, sur ce trottoir où tu m'as trouvée. Dis-leur Serge qu'est-ce que c'est la vie ! (Eh, je sais moi ?) Dis-leur que les gens, je les aime, mais que vraiment des fois ! Tiens, ils le savent quand j'ai tiré la langue aux Allemands pendant l'occupation. Ils imaginent la scène. Tu vois un camion bourré de boches qui passe rue de Rivoli en 42, et puis une femme, quand même d'un certain âge, qui leur tire la langue. Tu vois ce que c'est, la guerre ! Quand on est employée à l'Assistance publique. Tu imagines le titre du journal ?

UNE EMPLOYÉE DE L'ASSISTANCE PUBLIQUE
TIRE LA LANGUE À UN CAMION ALLEMAND
TROIS MORTS, VINGT-HUIT BLESSÉS

C'est la vie ! Ça se raconte pas la vie, ça se vit. C'est le principe même. Après tu veux écrire quelque chose, eh bien, mon vieux, tout bien pesé, tu poses ta tête sur le rebord de ta Remington et tu pleures en pensant à Jo. Et merde, saloperie de putain de soirée. La prochaine fois, les gars, changez de trottoir quand vous voyez quelqu'un allongé dans une poubelle en petits morceaux. Ne pas le ramener chez vous. Vous pourriez en crever. La seule chose qu'on pourrait vous reprocher, c'est non-assistance à agenda en danger. Mais ne vous inquiétez pas, ce n'est pas encore inscrit dans la constitution du Code pénal. Je pleure en pensant à toi Suzanne. Et *Ich liebe dich.* Na !

SERGE VALETTI

Relations duelles, payantes, sous le chapeau de l'institution. Consultation, séance chez le psychanalyste, le médecin ou l'astrologue. De l'intime est en circulation. On prête à l'autre un pouvoir qu'il ne possède pas toujours. On recherche la guérison, la connaissance, surtout l'écoute. Cette quête est payante en monnaie sonnante et trébuchante, mais aussi en abandon ; on y risque parfois sa peau. L'autre exerce son métier, ce qui n'implique nulle indifférence de sa part, mais une distance certaine et nécessaire. Celle-ci favorise-t-elle l'émergence d'une intimité que même (ou surtout) nos « proches » ignorent bien souvent ?

De quoi sont faites ces « relations particulières », où l'intime s'évanouit dès l'instant où il se dévoile ?

2

L'INTIME SUR RENDEZ-VOUS

JACQUELINE ROUSSEAU-DUJARDIN

UNE RELATION PARTICULIÈRE

Voilà que me revient à l'esprit, au moment de commencer, un peu de biais par rapport au sujet — l'intime — une petite « histoire psychanalytique ». Elle m'a été racontée comme américaine, mais peut-être nos homologues d'outre-Atlantique la disent-ils française. Donc : un patient reste trois ans chez un analyste, ou quatre, ou cinq, ou sept, puis décide de terminer sa cure non sans manifester sa satisfaction et apprécier en un bilan fort positif le bénéfice qu'il en a tiré. Il clôt la dernière séance en déclarant : « Merci, docteur [pourquoi toujours docteur, du reste ?]. Je vous ai dit, me semble-t-il, tout ce que je pouvais vous dire. Le reste est personnel. »

On rit. Non parce que l'histoire est fausse, proche de l'absurde. Mais pour ce qu'elle a de vrai, comme c'est le cas en beaucoup de plaisanteries du même genre. Et surtout aux yeux du psychanalyste lui-même. Car au-delà d'une manière de caricaturer une forme de résistance trop banalement rencontrée, l'anecdote imaginaire — on l'espère — touche le praticien au lieu d'une de ses inépuisables perplexités : que connaît-il, somme toute, de la personne qui, des années durant, plusieurs fois par semaine, est venue s'allonger dans son immédiate proximité, et parler, censément, de ce qui lui tient le plus à cœur ?

Puis en arrière-fond et selon un trajet de retour qu'il lui faudrait être bien figé pour éviter ou méconnaître : et cet autre, que sait-il de lui qui soit personnel ? Voilà l'un des traits du deuil que le psychanalyste se trouve avoir à effectuer quand un client prend congé : on est, forcément, passé à côté de lui. On s'en va sans l'avoir connu. Il est à tous les coups le psychanalyste inconnu.

Point n'est besoin de s'attendrir. Beaucoup se le diront avec raison : il a des compensations. Aussi n'est-ce pas pour quêter la compassion que j'évoque cette asymétrie mais pour mieux repérer la place de la situation psychanalytique dans l'espace, par définition restreint, de l'intimité.

L'intime est le superlatif de l'intérieur. Son lieu propre serait à ce titre le plus profond de ce qui repose en soi, viscéral et caché à la vue de quiconque. Absolument personnel, en somme. Rigoureusement égoïste ou plutôt égocentré. Or, sauf en certaines occasions du langage où, de l'intime, rien n'est partagé, la plupart du temps, il faut un autre pour le définir. Rêve-t-on, endormi ou éveillé, on n'y est point. Tout commence quand un interlocuteur se trouve là à qui l'on raconte ses songes. Du moins, on le pourrait. Et qui vous répondra sur les vôtres. Sur les siens éventuellement.

UNE RÉCIPROCITÉ MINIMALE

Un autre dont la présence est possible en tout lieu, toute place de la vie. A toutes les heures du jour et de la nuit. En tous les espaces que l'on aura fréquentés. Un autre qui connaîtra toutes les apparences, qui sera de toutes circonstances, de temps, de lieu, de moyen, de but et de conséquence. Qui n'ignorera rien des façades diversement affichées. Mais qui saura aussi ce qu'elles dissimulent, de façon plus ou moins déterminée. Qui aura, à travers elles, ses grandes et ses petites entrées. Qui participera aux cérémonies — il y arrivera sans surprise, en ayant suivi les préparatifs, il sera parmi les derniers, restant quand « le monde » est parti — qui sera présent tous les jours. Qui assistera aux fêtes et qui en connaîtra les lendemains : ternes ou soulagés.

Près du corps aussi, du corps révélé, orné, du corps caché, abandonné. Proche à toucher par le geste affectueux, le baiser, la caresse, amicaux, amoureux.

Finalement, l'intime est large et polymorphe. Il regarde des univers variés, s'étend, tout restreint qu'il soit, en des champs multiples des relations entre humains, connaît des modes différents... et l'on est bien en peine de le cerner. Autant de représentations de l'intime que d'individualités, sans doute. Dirai-je qu'à mes yeux, il implique la nécessité d'un certain choix et qu'il ne naît que dans une réciprocité minimale ? Ainsi comprendrait-on que si la famille fait assurément partie de l'intimité, ses membres ne comptent pas, à proprement parler, parmi les intimes. Ce sont les proches. Et que les vrais intimes soient les amis, même si, entre deux d'entre eux, il arrive que l'un soit plus intime de l'autre que l'autre de l'un. Quant aux partenaires amoureux, si l'on a avec eux des rapports intimes, ce ne sont peut-être pas ceux qui vous connaissent le plus, ou, si j'ose dire, le mieux intimement, l'amour étant un terrain trop propice aux méprises et illusions et ne durant, selon des vues assurément pessimistes, qu'autant qu'elles.

Et puis, il existe des intimités imprévues, soudaines : on se retrouve « à tu et à toi » avec quelqu'un qu'on ne connaissait « ni d'Ève ni d'Adam ». Des intimités latentes : cette personne que vous voyez « tous les trente-six du mois » et en public, la relation qui vous lie à elle, vous le savez bien, est d'une étoffe intime ; un accord qu'aucune étape intermédiaire, superficielle ou mondaine n'a précédé. Ou encore des intimités tardives et que l'on n'aurait, à cet âge, plus crues possibles. D'autres éphémères, comme celle d'*Une journée particulière* qui m'a suggéré mon titre.

RECONNAÎTRE LES IMAGES QUI NOUS SONT PROPRES

L'intime est aussi, dans sa définition, précaire et fragile, difficile à distinguer du personnel, justement, du privé, du particulier, du secret. Parfois synonyme, parfois lointain. Ainsi vont dans la langue le mot et ses dérivés, variables selon les formes, les usages et les rencontres, accrochant des sens infiniment nombreux, nécessaires pour que chacun reconnaisse les images qui lui sont propres. D'où l'abondance des citations du dictionnaire.

Eh bien, même si l'on s'applique avec assez de souplesse à entrer dans chacune des acceptions envisagées, on aura du mal, telle est du moins ma conviction, à les faire coïncider avec les caractéristiques de la situation psychanalytique.

Ce n'est pas que l'intime n'y soit espéré, du moins par l'un des protagonistes, le demandeur d'analyse. L'autre, l'analyste, est supposé discerner grâce à son trajet antérieur, ce qui peut remuer en lui d'une nostalgie plus ou moins vive de l'intimité, ce qu'elle implique fantasmatiquement de fusion dans la toute-puissance. Je passe brusquement, on le voit, dans un autre registre qui, à première vue, peut sembler difficilement lisible. Mais j'essaierai de l'éclaircir petit à petit.

Donc voilà le divan espéré, souvent attendu, accepté en dernier recours, à contrecœur. Le cœur justement. Du moins on pourra dire ce que l'on a dessus. Je pense à quelqu'un que j'ai vu ce matin pour un entretien préliminaire : il est arrivé trop tard près de sa grand-mère mourante, l'être le plus cher à son cœur — encore — trop tard pour lui parler, qu'elle l'entende et lui réponde. Il ne s'est aperçu qu'après la mort de son père qu'il aurait pu, avec lui, parler, s'entendre. Il vient me le dire, et sans doute, ressusciter l'un et l'autre à travers ce qu'il me dira d'eux. Et réparer sa faute, bien sûr. Ces fautes-là et bien d'autres qu'il pense avoir commises et qui lui paraissent irréparables. Puis faire son deuil, des êtres et des fautes. Un intime ami — en admettant qu'il en ait car l'intime n'est pas donné à tout le monde — l'aurait rassuré, consolé, encouragé. Cela lui aurait fait du bien, relativement. Et même s'il était assez au fait de l'entreprise dans laquelle il se lançait pour ne pas s'étonner ici, d'une certaine singularité, il n'a pas manqué d'être sensible à l'inhabituelle absence des : « Mais si, elle vous a sûrement entendu et, de toute façon, elle savait pouvoir compter sur votre amour » ou « Ton père ne se prêtait guère, à vrai dire, à des conversations trop personnelles » et autres sentences de rigueur en pareil cas.

FINIR SES PHRASES

Cependant il parlait et j'étais, moi, vivante pour l'écouter. Point de réponse, il est vrai. Mais, *in fine*, la proposition de continuer à venir ici ; trouver à qui parler, sans scrupules de politesse, sans souci de peser, d'ennuyer, de lasser. Pas pour conforter son narcissisme. Pas seulement en tout cas. Pour que mon attention, toute flottante qu'elle soit, permette à son énoncé initial de se déployer. Pour finir des phrases qui dans le cours habituel de la pensée, laissent tomber par leur interruption, leur terminaison en queue de poisson, des précisions indésirables et révélatrices. Pour que ces précisions bouleversent l'organisation névrotique de son roman familial, bousculent la répétition des mêmes affects aux mêmes souvenirs chers dont pourtant on gomme, soit le cadre, soit les ombres, soit la droite, soit la gauche. Pour que, de ces fins de phrase toujours esquissées mais jamais vraiment tracées, naissent de nouvelles idées. « Je le savais depuis toujours mais je n'y avais jamais pensé », dira-t-il un jour à mon infatigable émerveillement. Du moins je le crois car il me semble, comme on dit de façon assez floue, doué pour l'analyse.

D'ici là, il aura passé de l'eau sous les ponts qui joignent l'une à l'autre les séances. J'aurai appris à le connaître. Dans peu de temps du reste, il me prêtera sur lui, trompé par le fonctionnement clinico-nosographique qu'on nous imagine habituellement, un savoir que je suis loin de posséder. Jusqu'au jour où, et cela voudra dire que la fin de son analyse est proche, il s'apercevra que ce savoir :

— soit si l'on entend par là les grandes grilles métapsychologiques auxquelles je me réfère, il peut y avoir accès tout comme moi. (Même si je le désirais, mes moyens ne me permettent pas d'interdire le fruit de l'arbre de la connaissance et, s'il n'y touche pas, c'est que, pour lui, le fruit n'est pas mûr. Mais il y viendra. Plus tard.)

— soit si l'on veut dire les découvertes qu'il fait sur lui, les trouvailles qui lui sont offertes, j'en profite, sinon autant bien sûr, du moins *au même niveau* que lui. Heureusement. C'est ce qui me permet de trouver du goût à mon pain quotidien.

SOUFFLE, TOUX, GARGOUILLIS, ODEURS

Assez vite, il est vrai, plus vite que lui, je m'orienterai dans les figures de sa réalité psychique et, sans prétendre résumer son organisation névrotique en une phrase ni jamais, au grand jamais, en une formule algébrique, j'aurai mon idée sur ce qui doit changer dans ses représentations de ce qu'il serait tenté d'appeler son destin pour que se modifie le cours de sa vie. Il y entre à coup sûr de ma part un projet, un désir (travaillé par ma « bienveillante neutralité »). Et une connaissance. De lui.

Intime ? Ma foi non, je ne crois pas. Son corps, tout à l'heure en face de moi, sera bientôt allongé à peu près perpendiculairement à mon fauteuil, à portée de ma main, bien placée pour lui caresser le crâne et qui ne le fera pas. Je verrai s'étendre ses jambes — curieux, on aurait à les peindre, on recourrait au raccourci et elles me semblent toujours interminables — selon une position qu'il adoptera une fois pour toutes : croisées, jointes, ouvertes selon un compas variable. Je n'en déduirai pas grand-chose d'ailleurs : l'expérience rend prudent sur ce genre de signes et de classifications. J'entendrai son souffle, sa toux, les gargouillis de son ventre. Je sentirai son odeur. Tout cela du reste en toute réciprocité. Et puis surtout j'écouterai sa voix, changeante au gré de ses humeurs et de ses émotions, contrairement à la mienne, probablement plus égale, encore qu'il y passe des nuances que je n'y aurai pas mises ou pas cru mettre et qu'il percevra pourtant. Et même si des variations de costume avec les saisons, d'aspect s'il lui prend envie d'en changer, interviennent au cours des années que nous passerons « ensemble », je n'aurai de lui qu'une représentation en peu de facettes. Je resterai incapable de l'imaginer au réveil, lorsqu'il mange, lit un journal ou fait l'amour, autrement qu'à travers ce qu'il m'en dira. Son unique nudité sera métaphorique : l'impossibilité de mentir. Un seul médium de lui à moi : le discours qu'il tiendra, découvrant le plus profond de soi mais à son insu et à sa nécessaire surprise, car en un lieu relationnel différent de celui auquel il l'avait assigné jusque-là : l'intimité justement.

Il a eu ainsi de longues conversations avec tel ou tel ami, l'être aimé du moment. Il s'y est livré, a révélé ce qu'il croyait caché, secret — éprouvant parfois l'étonnement de constater que l'autre savait déjà —, a retourné l'intérieur de lui jusqu'à la nausée ou découvert le plus profond de ses sentiments avec une grisante allégresse. Demandé, avec plus ou moins de succès le vice versa. Résultat : ou bon parce qu'une instance qui fait la vie plus douce incline au partage ; ou mauvais lorsque les fonds apparus sont, chez l'un ou l'autre, saumâtres. Le plus souvent mélangé et variable. De toute façon limité : l'autre en fin de compte reste étranger. Rien n'est entièrement commun, commun selon les espoirs sans bornes de l'adolescence (qui ne s'en souvient et n'en porte les traces ?). L'intime bute sur la différence. La séparation initiale, native, vous fait un et seul une fois pour toutes. Même si l'on est un parmi d'autres uns. Le lien le plus étroit contient en sa texture un fil d'hostilité à l'étranger qui transforme en armes les douceurs des dons intimes. L'ambivalence, dit-on. Inévitable chez qui participe. A négocier pour préserver la veine de l'amour, de l'amitié, de l'affection. Éros jamais pur, toujours mêlé. Rares sont ceux qui en prennent naturellement leur parti, naviguant à l'estime entre les pôles d'un isolement amer et d'une fusion toujours en échec, sachant calculer la distance où se tenir en voisinage pour qu'une communication dont ils acceptent les leurres et les effets de miroir soit possible, sans s'y engloutir jusqu'à en ressentir une menace de mort par perte d'identité.

Les autres ont besoin d'un apprentissage. La psychanalyse peut servir à cela entre autres choses. Grâce à la différence même qu'elle instaure, je l'ai dit, entre la relation particulière qu'elle crée et les rapports réputés intimes habituels. Paradoxalement en somme, et à travers une expérience qui comporte difficultés et insatisfactions. Fondamentalement et par nécessité frustrante. Le transfert institue le lieu d'un amour toujours déçu, amour et déception figurant les deux moteurs de la cure.

LE BOUCLIER DE LA NEUTRALITÉ BIENVEILLANTE

Freud a dit beaucoup et peu sur le transfert : qu'il ressemblait à tout autre amour et qu'il fallait le « traiter » autrement, sous peine de ne pouvoir « traiter » le patient. A vrai dire, quand il en parlait, c'était plutôt la patiente qu'il avait à l'esprit, signe sans nul doute de sa pratique d'alors. Mais, sur cet autrement, il ne s'est guère expliqué, sinon en fournissant le bouclier de la « neutralité bienveillante » auquel je faisais allusion tout à l'heure. Je ne sais si depuis on a fait, à proprement parler, des progrès. Il est sûr pourtant que, du transfert, on a provoqué et enduré, de part et d'autre d'ailleurs, des incidents, accidents, avaries ou avatars révélant des prolongements que les premiers analystes n'étaient pas en mesure de prévoir. Ils savaient qu'ils possédaient là un instrument puissant certes, mais d'un maniement délicat. On apprécie mieux maintenant qu'un mode d'emploi schématique est insuffisant et que le bouclier en question est impropre à éclaircir ou résoudre les situations infiniment inventives sur lesquelles ouvre le transfert. Sans pour autant avoir à disposition des règles techniques détaillées, tant il est vrai que la psychanalyse n'est pas une pratique scientifiquement réglée. Il faut inventer au fur et à mesure.

Tout de même, en respectant les grandes lignes. En sachant que si l'on fait basculer la relation dans l'intimité, si précieuse et si rare que soit celle-ci, surtout pour certains qui en paraissent cruellement privés, on en désamorce la vertu agissante. C'est méconnaître ou refuser le coefficient inconscient dont sont indexés les processus psychiques auxquels on s'intéresse, que de croire à leur surgissement possible, et en tout cas à leur bénéfique interprétation dans une situation banalisée. Pourtant on en voit actuellement la tendance se répandre, par choix ou par glissement involontaire ; en même temps on constate que la psychanalyse perd du terrain dans son prestige social, comme si cela était à ceci un remède. « Vertu », c'est un mot venu sous ma main il y a quelques lignes, à propos du très spécial rapport qui s'établit dans la « cure ». Me voilà dans le rôle d'une duègne attachée à la protéger. Ma foi, je l'assumerais volontiers si je ne pensais qu'elle est de taille, cette chose-là, et de nature à se défendre toute seule.

Encore faut-il en reconnaître l'identité, plutôt floue par les temps qui courent, en redessiner le profil. Pas par conservatisme. Par souci de préserver une méthode, une praxis qui *peuvent* produire des effets, qui *peuvent* marcher et faire marcher.

BORDER L'INTIME SANS S'Y CONFONDRE

Dans l'asymétrie, donc. En bordant l'intimité sans s'y confondre. Côté fauteuil : on a de l'autre une connaissance étendue, profonde, qui ne coïncide pas avec celle du quotidien, ou presque, vécu côte à côte, partagé. Côté divan, l'intime fait partie du monde onirique. « La nuit dernière, j'ai rêvé de vous. C'était une séance mais pas comme d'habitude. Vous étiez assise en face de moi et nous discutions, je ne sais plus de quoi. Et puis votre mari — enfin le monsieur que je rencontre — entrait. Il demandait si nous allions bientôt manger, si je resterais dîner. Vous disiez oui. Vous étiez souriante. Vous me preniez par les épaules. On passait la porte, là. »

Évidemment, il est guetté, deviné — l'intime toujours — à des indices inévitables. Il transpire, traverse les portes fermées du bureau, du « cabinet ». S'intègre comme tel aux règles du jeu à condition de ne pas être confirmé, sinon en tant que matière à interprétation dont les produits doivent revenir à l'analysant. De ne pas non plus être caché avec ostentation. Il est là comme témoin d'une vie qui entre dans la réalité psychique jusqu'à ce qu'elle puisse être reconnue différente, décidément autre dans les limites qu'elle assigne à la maîtrise.

De ce qu'elle échappe toujours se déduira ce qui, de l'autre, n'est jamais à portée. Mais de la maintenance d'une relation où se seront jouées jusqu'au vertige les projections des conflits sur lesquels on s'est cassé, soi et ceux qui vous entouraient, se révélera la possibilité d'entretenir un lien, avec l'abandon, mais les précautions aussi, que réclame l'intime.

— *JACQUELINE ROUSSEAU-DUJARDIN* —

Psychanalyste, auteur de *Couché par écrit* (Éd. Galilée, 1981) et *Excursion* (Éd. Aubier-Montaigne, 1984).

PUDEUR ET VICE VERSA

entretien avec
BERNARD FONTY

Bernard Fonty. Chirurgien, gynécologue-accoucheur. Auteur de *Bonjour l'aurore, Les chemins de la mise au monde*, éd. Clims, 1986.

Autrement. - En quoi y a-t-il de l'intime dans la relation entre vous gynécologue et vos patientes ?
Bernard Fonty. - La première chose qui me vient à l'esprit, c'est la façon dont la femme va se déshabiller. Certaines vont d'emblée se mettre toutes nues, alors que d'autres vont garder leur chemisier, leur soutien-gorge, leurs bas... leur culotte même. Le corps, tout nu, exposé, demeure un corps médical et il voile, il fait écran à l'intime que je pourrais percevoir d'elles. A l'inverse, la façon de ne pas se déshabiller totalement m'expose, me désigne son intime.

Dans le discours, c'est un peu la même chose, si tout est d'emblée étalé, déballé en vrac, il n'y a pas d'intime ; si par contre je suis obligé de poser des questions précises sur la sexualité, j'ai l'impression de profaner pour une part son intimité, de trahir quelque chose qu'elle souhaitait peut-être ne pas dévoiler. Finalement pour moi l'intimité c'est quand je me sens mal à l'aise.

Êtes-vous mal à l'aise parce que vous ressentez une résistance et qu'il y a un seuil à franchir ?
Je ne sais pas ce que j'ai à franchir.

La femme ressent son intimité violentée sans doute à d'autres moments que ceux que je préjuge, pour des raisons qui lui sont propres et qui ne sont sans doute pas celles que je crois.

Chacun a une approche différente de l'intimité. C'est ce qui se passe dans un couple : pour l'un, il est des situations tout à fait intimes ou soit-disant telles, alors que pour l'autre, ces mêmes situations ne sont parées d'aucun interdit.

L'intime et son contraire chez le gynécologue, qu'est-ce que cela évoque pour vous ?
Je pense à une situation concrète. Si je fais une césarienne sous péridurale, je vais prendre un grand plaisir à observer, à lorgner les différents regards de la femme et du mari sur leur enfant, à loucher sur leurs regards émus qui s'entrecroisent, à attendre les réflexions pleines de tendresse qui ne manqueront pas de surgir, à couver les émotions qui passent. A l'évidence, j'entre dans leur intimité et j'ai le sentiment de transgresser quelque chose, alors que pour eux, en cet instant je suis accepté et même convié. A l'inverse, quand je fais une césarienne sous anesthésie générale, je suis censé être complètement dans l'intimité de cette femme. Alors que je pénètre dans son corps je n'ai pourtant pas l'impression d'entrer dans son intimité : cette femme endormie n'est plus alors pour moi qu'un objet d'investigation médicale.

Je pense à une autre situation ; l'examen médical d'un sexe. Dans l'immense majorité des cas, il s'agit là d'un geste qui demeure purement technique, aseptique de toute pensée. Toutefois, parce que ce sexe me rappelle quelque chose de déjà vu, qui fait relation à un visage que j'ai connu, je peux très bien, tout en faisant mon examen clinique normal, usurper complètement l'intimité de cette femme, en tout cas, l'intimité de son sexe sans qu'elle en soit consciente. En parallèle, il est des femmes qui, au lieu de présenter leur sexe de façon anodine, vont le faire d'une façon particulière et venir ainsi, inconsciemment, violenter mon intimité, en me demandant de porter un regard que je ne veux pas porter de cette façon-là.

Jusqu'à présent vous ne parlez que du corps et pas de ce qui se dit ou ne se dit pas.
Dans le discours, on peut dire de façon schématique que je brusque son intimité dans la mesure où je pose des questions précises, alors que si je demeure en situation d'écoute, elle ne me dit que ce qu'elle veut bien me dire. Par ailleurs, dans une consultation de gynécologie somatique, on reste dans le non-dit ; l'objet demeure l'organe sexuel, et non le plaisir, bien que ce dernier soit toujours là en filigrane.

Il y a tout de même des cas où ce qui est relatif à la vie sexuelle de vos patientes intervient sans doute dans la consultation, par exemple lorsqu'il y a d'éventuels partenaires non permanents. Vous arrive-t-il de poser la question ?
Bien sûr, mais le problème posé demeure celui de l'organe sexuel et de son éventuelle perturbation organique, et non celui du plaisir. Dans toutes les maladies sexuellement transmissibles, il me faut bien demander d'où cela vient. Mais alors, j'ai l'impression de plutôt entrevoir l'intimité du mari que celle de la femme qui est en face de moi. Si une femme me consulte pour une vaginite et que par exemple je découvre un trichomonas, il me faut lui souligner que ce parasite n'est pas venu *ex nihilo*. Que ce soit elle qui l'ait contracté avec son amant, c'est là son libre choix, et je n'ai pas le sentiment d'agresser son intimité. Par contre, si ce parasite provient de son mari, je me demande de quel droit j'interviens dans sa vie.

Mais vous intervenez quand même.
Oui, mais ce n'est pas sur l'intimité de cette femme que je me pose question à ce moment-là. Ce qui me traverse l'esprit, c'est comment son mari va se sortir de cette affaire. Je me rappelle une femme, pour qui j'ai une grande sympathie, que j'avais aidée à accoucher, et dont j'aimais bien le compagnon. Le jour où chez elle j'ai découvert un trichomonas, j'ai vraiment eu l'impression d'être un voyeur : j'apercevais une situation conflictuelle qui me déplaisait et qui venait sans doute perturber la vision que j'avais de ce couple. Bien vite cette femme m'a soulagé en me disant que c'est elle qui avait contracté ce trichomonas ailleurs. Un autre exemple : j'ai récemment fait une interruption de grossesse chez une femme qui ne voulait pas que son mari le sache, car cela faisait un an qu'ils n'avaient pas de relations sexuelles. Ce mari, je ne l'avais jamais vu. Je n'ai pas eu le sentiment, bien que sachant la petite histoire de cette femme, de porter un jugement de valeur sur elle, alors qu'il m'a semblé voler quelque chose à son mari.

Vous vous mettez complètement à la place de l'homme dans ces situations telles que vous les racontez.
Je suis entré chez lui sans lui demander la permission, alors que je suis entré dans l'univers de cette femme à sa demande.

A sa demande forcée. Ce n'est sans doute pas simple pour elle non plus.
Bien sûr que cela n'est pas évident pour elle. Elle est confrontée au fait de me raconter quelque chose d'elle-même, qui a peut-être du mal à être dévoilé, qui

demeure l'intime tant que cela n'a pas été dit. Néanmoins, une fois l'aveu prononcé il quitte son intimité et je ne le reçois pas comme intime. Cet aveu demeure un fait médical sans plus, et dont je dois tenir compte.

Mais vous entendez l'intime en ce qui concerne l'homme.
Oui, dans ces exemples. Mais il est d'autres histoires où les rôles pourraient être inversés : c'est toujours celui qui est absent qui me chagrine. C'est l'absent dont je viole l'intimité, comme s'il était sans défense. L'intime, c'est l'inviolable. Donc, si je suis autorisé à, pour moi, cela n'est plus intime.

Parlons de la présence du conjoint pendant la consultation et de ce que celle-ci entraîne.
Quand son compagnon assiste à l'examen, la femme a une autre étape à franchir, c'est qu'il la voit dans cette situation où elle est manipulée par les mains d'un autre. A ce moment-là, ces mains du gynécologue qui étaient aseptiques, sans relation, prennent un autre pouvoir. Du fait de la présence d'un homme, mes mains deviennent les mains d'un homme et non plus des mains gynécologiques. L'intimité de ce couple m'apparaît alors transgressée, mais la mienne aussi, puisque je suis amené à porter un regard autre que technique sur le fonctionnement de ce couple, ne serait-ce qu'en observant les regards qui s'entrecroisent. C'est pour cela que je ne convie jamais les hommes à assister, de principe, à un examen ; toutefois, je laisse la porte ouverte, chacun et chacune sont libres d'assister où d'exposer ce qui leur sied.
La présence du père à la naissance soulève une problématique semblable. Le plus souvent, il se met à côté de sa femme, ils sont tête contre tête et regardent l'enfant naître : c'est là un comportement qui m'apparaît relativement sain.
Il en est d'autres qui se mettront de l'autre côté, en face du sexe qui enfante ; devant les jambes écartées de leur femme, ils sont au spectacle. Pour la femme, il n'est plus question d'intimité à ce moment-là, son sexe n'est plus le même, et n'a plus la même fonction ; cela s'est fait progressivement, l'accouchement avance, il n'y a pas moyen d'y échapper, il faut bien laisser exposer ce sexe au regard de tous, et je dirai qu'elle abandonne quelque chose de son intimité. Mais lui qui est là et qui regarde, il n'abandonne rien du tout, puisque cela ne se passe pas au travers de son corps. En cette situation de voyeur, je trouve que cet homme usurpe de son pouvoir de mari pour voler quelque chose, éventuellement du sexe de sa mère qui accouche.
La femme qui en cette situation ne met plus d'intimité, n'est pas violentée du fait qu'il regarde, à la limite elle s'en fiche. Mais lui, il y a des choses très fortes qui passent en lui, il est en train de regarder *l'intime de l'intime* et parfois, tellement c'est lourd, il ne peut que s'évanouir ! Ce versant voyeur de certains hommes m'effraie et je tente toujours de les remettre en situation de partie prenante, de participant, au chevet de leur femme.

Souhaitez-vous la présence du conjoint, arrive-t-il qu'elle vous gêne ?
Chez le gynécologue il y a une relation qui s'établit avec donc le transfert et le contre-transfert. Ces phénomènes relationnels sont le plus souvent oubliés, sinon niés, car la technique est là pour s'échapper. Le compagnon aide à ce que transfert et contre-transfert ne soient pas trop massifs. Pour moi en tout cas, cet homme est une bonne barrière.

N'avez-vous pas le sentiment que pen-

dant longtemps, les hommes ne se préoccupaient pas du corps de leur femme, de son fonctionnement, alors que maintenant dans certains milieux on a intégré l'idée qu'il est presque nécessaire que le conjoint soit présent et « participe » à tout, de façon systématique ?
Dans les années 50, pour assister à l'accouchement de sa femme en France, il fallait être militant, croire à l'accouchement sans douleur, à la libération de la femme, et cela faisait partie d'une lutte. L'homme et la femme luttaient ensemble pour vaincre les résistances des pouvoirs médicaux en place et la présence de l'homme apparaissait tout à fait autre que celle de maintenant.

Aujourd'hui, à l'inverse, si l'homme n'est pas là, l'équipe médicale se pose la question de ce qui ne va pas dans le couple pour qu'il en soit ainsi. Il y a une espèce de prescription médicale qui d'ailleurs se surajoute à un consensus social de la présence de l'homme à l'accouchement. Pourtant le spectacle de l'accouchement est une expérience violente et traumatique ; l'homme est confronté à son impuissance devant ce corps de souffrance et de jouissance, à la culpabilité de la douleur imposée à sa femme pour satisfaire son désir de postérité, et enfin à la reviviscence de sa propre naissance, identifié à l'enfant qui passe et qui souffre, et qui plus est créant d'éventuels dégâts sur le sexe maternel. Le plus souvent ils sont impréparés à cette vision soudaine et sous prétexte d'être à l'écoute du corps de leur femme, ils méconnaissent leur propre identité masculine et oublient que la paternité est un processus en soi indépendant de la naissance, contrairement à la maternité.

Que pensez-vous de la pudeur et de l'inhibition dans votre pratique ?
L'inhibition, par exemple, il est des femmes qui ne peuvent tolérer aucun examen vaginal. Il m'arrive, deux fois par an, d'être amené à suivre une femme pendant sa grossesse et de l'aider à accoucher sans avoir jamais fait d'examen vaginal. J'appellerai cela de l'inhibition.

Quant à la pudeur, une histoire me vient à l'esprit. Je pense à une femme qui me consultait parce qu'elle souhaitait connaître sa fertilité. Son mari était devenu récemment impuissant. Alors que j'écoutais son histoire, ses interrogations, sa détresse, je n'avais pas l'impression de violer son intimité. En fin de consultation, je lui dis qu'il serait bon de faire un examen puisque cela n'avait pas été fait depuis longtemps. Elle me répond : « Non, aujourd'hui je n'y tiens pas. » Cette phrase m'a sorti de ma routine qui est : j'écoute, puis j'examine. Par cette phrase, elle m'a montré que son sexe avait une certaine importance, puisqu'elle m'a signifié : « Je ne vous le montrerai pas, bien que vous me le demandiez. » Dès lors, tout ce qu'elle avait pu dire auparavant a pris une autre signification, une autre dimension, et cela s'est poursuivi puisqu'elle avait oublié l'argent pour me payer. Je ne sais pas s'il s'agit là de pudeur ou d'inhibition. J'aurais pu ne pas entendre et lui dire : « Vous êtes pourtant venue pour vous faire examiner. » Il est évident qu'elle se serait alors sentie violentée dans sa pudeur mais en parallèle, pour moi, cela aurait été plus rassurant car je demeurais face à un objet d'investigation médicale.

C'est peut-être là où apparaît la pudeur, ou la volonté de ne pas se dévoiler en face de vous.
La pudeur existe sûrement, mais je ne la perçois pas. Je ne la remarque que dans des situations aiguës, par exemple avec certaines femmes arabes que je suis obligé d'examiner avec leur robe, en passant ma main sous les

jupes. C'est pour moi une situation très impudique, bien plus que le corps tout nu, alors que pour elles c'est l'inverse. Quelles sont les pudeurs, les inhibitions de la femme chez le gynécologue, sûrement pas les mêmes que les miennes. Quoi qu'il en soit, on reste le plus souvent dans le non-dit.

Et l'impudeur ? Une femme impudique vous gêne-t-elle ?
Ah oui ! Une patiente impudique, c'est celle qui commence à se déshabiller dans un lieu qui n'est pas prévu pour cela, qui est prévu pour parler et qui tout en parlant enlève sa culotte.

Et l'impudeur dans la parole ?
Tout autant ! Quand par exemple, une femme me détaille le nombre de rapports sexuels, son désir ou non, son plaisir ou pas, ses sécrétions...

Est-ce que vous exprimez votre gêne ?
Au début non, j'essaie de demeurer neutre, de rester à l'écoute et je me dis que c'est peut-être moi qui ai du mal. Toutefois, si cette même femme poursuit ce genre de discours, je serai amené à lui dire : « On peut peut-être parler de tout ça autrement. » Elle entend ce qu'elle veut et ce qu'elle peut. Un autre exemple de l'impudeur non partagée. Si une femme m'amène le produit de sa fausse couche pour que je l'examine, je le vis comme impudique. Je sais bien que pour elle mon examen possède une vertu scientifique, et elle ne peut savoir que je ne peux rien retirer de cet examen. Je vais essayer de ne pas montrer mes réticences, que je connais bien, et au contraire, je vais regarder, examiner, mettre les doigts, faire semblant. Mais, que par la suite, cette femme présente le moindre trait d'impudeur et je vais le relever, alors qu'autrement je ne l'aurais pas remarqué. Un simple fait, sans doute plein de pudeur pour elle, m'a mis à l'affût de son impudeur.
Il est d'autres impudeurs dans les discours, la façon dont quelqu'un raconte sa douleur...

Pour revenir au gynécologue, que pensez-vous de ces expressions : les odeurs intimes, les parties intimes, la toilette intime ?
La toilette intime, une fois que le sujet a été abordé une seule fois, elle n'est plus intime. Ce sujet-là devient banalisé entre la femme et moi ; toutefois, cette toilette demeure intime lorsqu'elle la fait chez elle. Tous ces éléments soi-disant intimes, perdent leur intimité dans mon cabinet de consultation. L'intime pour moi, c'est plutôt le secret qui ne peut être abordé dans le cadre d'une consultation de gynécologie, même si on se pique de faire un peu de psy.

L'ambiguïté, dans votre pratique, est due au fait que vous ne percevez pas seulement votre patiente comme un ensemble d'organes mais comme une personne.
C'est toute l'ambiguïté de la médecine. Toutefois il ne faut pas se leurrer et par exemple, quand je suis amené à enlever un utérus, même si j'essaie de remettre cet acte dans la globalité de cette personne, il y a un moment où c'est l'utérus qui m'intéresse et pas autre chose. Même si je tente de soigner une personne, je ne fais que traiter l'organe malade, qu'il soit vécu comme intime ou non.

Est-ce que cela vous étonne que je m'adresse à vous en tant que gynécologue à propos de l'intime ?
Non, parce que je crois qu'il y a là une expression paroxysmique, aiguë, de l'intime. Toutefois, l'intimité peut être placée en d'autres lieux du corps et tout dépend de la façon dont ils seront vécus, présentés, et manipulés.

propos recueillis par
NICOLE CZECHOWSKI

JOËL ANDRÉ

LES DEVINEMENTS DE L'ÊTRE

Ce thème astrologique (l'un des premiers que j'ai interprétés) parlait d'un talent. D'un art sensuel et abstrait, cérébral et voluptueux, tactile et métaphysique.

Je risquai un mot sur l'*ikebana,* l'art floral japonais. « Elle » venait de l'étudier au Japon pendant deux ans.

Si j'avais relevé cet indice ténu, c'est que le thème l'exigeait. En lui se révéla l'intime d'une liaison nouée « là-bas » et devenue depuis l'irremplaçable, perdu.

Une oreille coupée, Rosebud, l'« objet petit *a* ». L'intime dans le thème est de l'ordre de cet implicite. La méthode astrologique ne manque pas de préceptes pour scruter dans une carte du ciel un registre défini : le physique, le relationnel, le sexuel, l'amoureux, le fantasmatique, le sublimatoire. La surprise du débutant, c'est que les procédures fonctionnent. Mais l'astrologue qui a trouvé son art ne s'y fie guère.

Je peux certes me contenter du portrait « géométrique » : un entrelacs, rapporté à la Terre, de planètes posées dans le Zodiaque. J'ai, comme disent les enfants, une figure, un bonhomme. Des « maisons », pour incruster chaque trait dans un sketch d'expérience. Je peux commencer à raconter l'histoire. Qu'elle tombe juste et le consultant approuve.

Est-ce à dire qu'il se reconnaît ? Il y a des seuils, de l'apparence à l'être. Il se peut que la demande soit celle d'une reconstitution d'événements, il se peut que l'entretien vienne à résoudre quelque crise. Mais l'intime surgit d'une interprétation autre que linéaire.

L'intime, pour l'astrologue, c'est une flagrance par-delà toute vérification séquentielle. Et pour le consultant, c'est cette parution de soi à soi traversant quelque prétexte. L'effet de révélation, de sidération exactement, est dans une impression de regard unique. *Comme si les symboles-planètes se mettaient à voir* le sujet qui les porte.

C'est-à-dire que l'astrologue et l'astrologisant (pour y mettre un peu de laquant) comprennent ensemble, d'un seul bloc, le fait d'être né. Une sorte d'être surplombant sa venue, son inscription à un monde. Non plus sujet mais Surjet. C'est ce secret en acte qu'il faudrait nommer, pour en préciser l'essence à la fois proximale et impérieuse, l'intimation du thème.

L'intime, de détail subreptice lu sur une carte à deux dimensions, est donc devenu pur événement d'être. Son mode de refermeture n'est pas une moindre révélation. C'est ce que j'appellerais volontiers l'expérience du Portrait vide. Comme le reploiement d'un éventail dont l'aile reste présente dans sa forme oblongue, une fois aperçu son angle large.

Je ne sais pas comment s'en ressouvient chaque consultant. Puis-je, de mon côté, reconstituer ce passage de la simple graphie astrologique au visage sidéral ? Je peux en fait resituer le contexte d'intrusion de cette physionomie lacunaire, dans une sorte de « Lorsque... » évanescent. Effet d'après-Zen.

Supposons que je reprenne le thème à l'intention d'un autre astrologue. Nous serons sans doute d'accord pour dire que par exemple « Neptune en VIII » signe quelque attrait ou intuition pénétrante envers l'occulte. Mais interprétant *ce* thème *pour* « MJL », en aurait-il remonté de la même façon le dédale ? « Je ne sais pas, disait cette jeune femme, ce que je pourrais reprocher à ma mère, mais... » Elle « aurait pu » lui reprocher d'avoir été haïe viscéralement pendant la gestation. C'est ce que finit par énoncer un Neptune à la Cuspide de la Maison VIII, avec pour cosignificateurs la Lune, Saturne, le signe du Cancer et autres avenants. Des indices qui sont, entre astrologues, d'une lecture relativement consensuelle, mais pour dire quoi ? L'imago de la Mère ? L'archétypal et l'intime me paraissent plutôt s'exclure. Ce qui transfigura Marie-Jo, ce fut la reviviscence d'un état, d'un éclat d'être. Par-delà l'incarcération au corps maternel, elle n'existait que de sa propre sphère. Des mots avaient ravivé cette émancipation indicible. Un silence vibrait maintenant qui disait : « J'y suis. » Elle y était, en effet.

Les généralités du discours astrologique seraient, beaucoup le supposent, de simples artefacts préliminaires, un rabattement du sujet vers son point sensible. Maniement fréquent mais qui n'explique rien. Après tout, il suffit de regarder quelqu'un pour en extraire des clichés (c'est ce que font les voyantes, extra ou infra-lucides). Le portrait par le signal natal a tout l'arbitraire des désignations collectives.

Mais dès que l'on passe à la polarisation du système zodiacal, par opposition signe à signe, un plus haut rendement d'information se constate : l'axe Bélier-Balance est bien direction de la pulsion au désir, Taureau-Scorpion de l'incorporation à la possession-destruction, Gémeaux-Sagittaire du narcissisme dual au prestige générique. Y ajoute-t-on la tonalité de chaque planète selon sa « dignité », son affinité élective à quelque demeure zodiacale ? Alors la Lune et Saturne illustrent de bien des effets la double mémoire inscrite en Cancer-Capricorne. Le jeu régalien du Soleil-Lion connaît un renversement de pouvoir avec Saturne, Uranus régissant le Verseau. Par une découpe supplémentaire en « maisons », l'expérience se démultiplie ; ainsi de la Vierge/VI, mesure et principe de réalité, aux Poissons/XII, visionneurs de cycles et solveurs de limites.

Bien d'autres opérateurs sémantiques sont utilisables. Et des thèmes autres que natals : annuels, horaires, progressés... On conçoit que tout cela finisse par faire texte. Une certaine astrologie peut être redoutable de n'explorer que la manière dont l'humain se prend dans ce tissage. Son ignorance se marque de ne pouvoir dire où l'être s'en déprend.

C'est pourtant là que devrait conduire le réseau d'aspects reliant au centre-Terre la multiplicité planétaire. Telle cette forme de « Puits » évasée vers le haut que je ne cessai d'apercevoir en filigrane d'un thème. J'en mentionnai la relation au rêve, à quelque mutation de conscience. Patricia dit alors que c'était « son » expérience : éveillée, la nuit, elle percevait une attraction élargissante et ascendante ; son corps entrait dans une autre densité. Lorsqu'elle en parlait, elle transmettait l'impression charnelle du fait lui-même : comme un déplacement sous une gravitation autre.

Un (faux) intime peut en cacher un vrai. Pierre est surpris et intéressé lorsqu'un détour de son thème expose sa stratégie à l'égard des femmes. Je lui demande s'il est exact de dire qu'il les couvre d'argent lorsqu'il s'en sépare. En effet, cette prodigalité de rupture est bien la sienne. Et tout de suite, le thème produit « l'autre scène » : une femme-sa mère *couvre* un homme-son père *de* son argent ; elle en a, lui pas. Elle le fait inexister sous le regard d'un enfant. A cet instant, l'Enfant regarde Pierre qui regarde...

Et l'intime de l'astrologue ? Il y a son thème, bien sûr. Et la connivence de ce thème à celui du consultant. J'ai voyagé sur place avec Nathalie parce qu'elle percevait et éveillait à travers le monde des atmosphères psychiques résonant aux miennes. Nicole fut émerveillée par la description de « sa » colère sans savoir ce que lui devait l'étude de mon propre emportement. Françoise C. élaborait son temps d'insomnie comme je l'aurais fait, Françoise V. comme *nous* l'aurions fait...

Plus de femmes que d'hommes dans ce florilège. Seraient-elles d'une plus grande intimité à l'intime ? Sans lier l'intime au sexe, voilà qui justifierait une mythologie, une astrologie millénaires. Et bien des rapprochements.

JOËL ANDRÉ

Journaliste. Astrologue.

l'intime

Lorsque l'on parle de l'intimité en images, elle a déjà été violée par un regard et un objectif indiscrets. Au moment où cette notion réapparaît, nous avons opté pour une approche personnelle quelque peu romantique, opposée aux images qui nous viennent immédiatement à l'esprit.

Notre propos n'est pas exclusivement celui du nu ou de l'érotisme, trop encombré de clichés photographiques. Il s'agit d'une démarche volontairement subjective par laquelle certains photographes ont traduit leurs émotions les plus infimes.

Ainsi Kertész affirme jusqu'au bout qu'il n'a photographié que « des petits riens », et Sudek résume un monde sensible à travers le désordre de son atelier ou la transparence d'un verre.

Alors que la mode de l'autobiographie fait rage, il n'est pas indifférent de se souvenir de Larry Clark : ancien baba-cool, drogué, routard, il a piégé les instants privilégiés de ses dérives et de ses rencontres, rompant avec la morosité de la production américaine. Qu'il soit devenu aujourd'hui père de famille amoureux ne peut que nous enchanter en ces temps d'intimité soft.

Ce qui nous est donné à voir reste la fragilité d'une notion qu'il vaut mieux effleurer que décrire sous peine de la rendre dérisoire et grotesque. L'intime, ici, c'est la marche émue de quelques regards généreux de leur trouble, une manière de laisser la lumière décrire un bref détour sur un lieu, une chose, un espace ou un corps que l'on aime. C'est aussi ne jamais s'apesantir, oublier la contradiction entre le montrer et le voir, oser dire « j'ai de la tendresse pour ceci, voilà ». Christian Caujolle.

ANDRÉ KERTESZ, MOI ET ÉLIZABETH, PARIS 1931

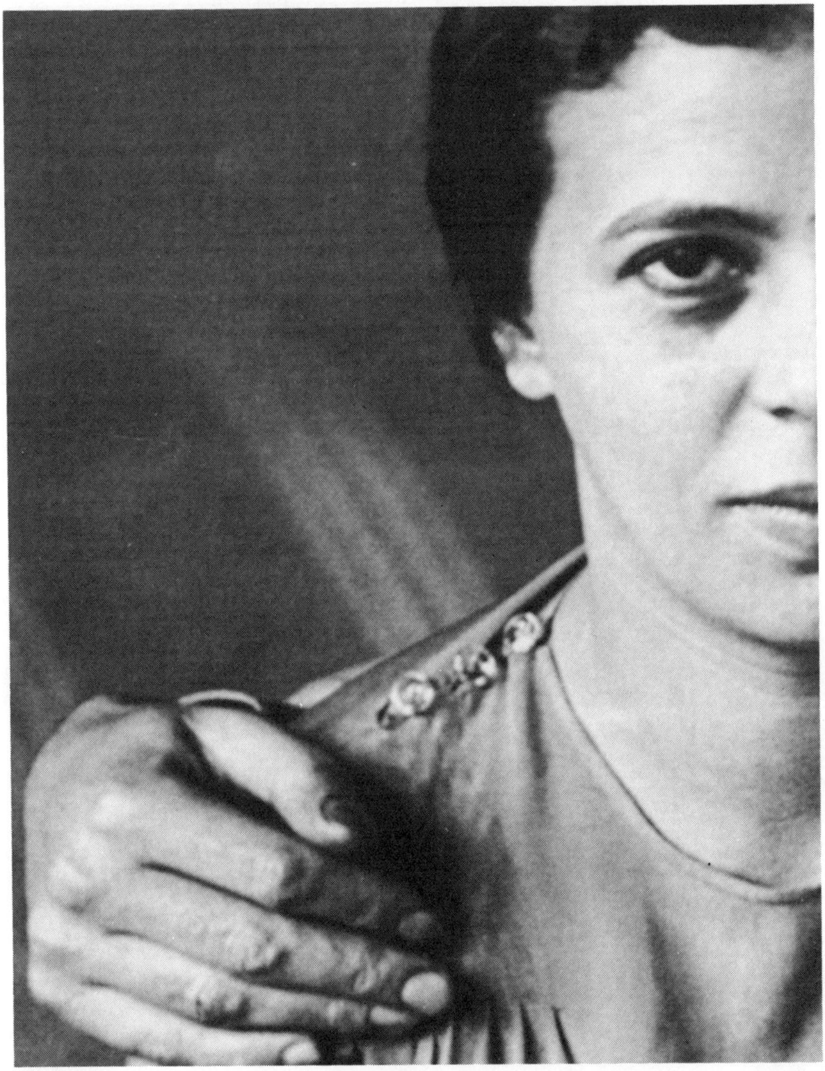

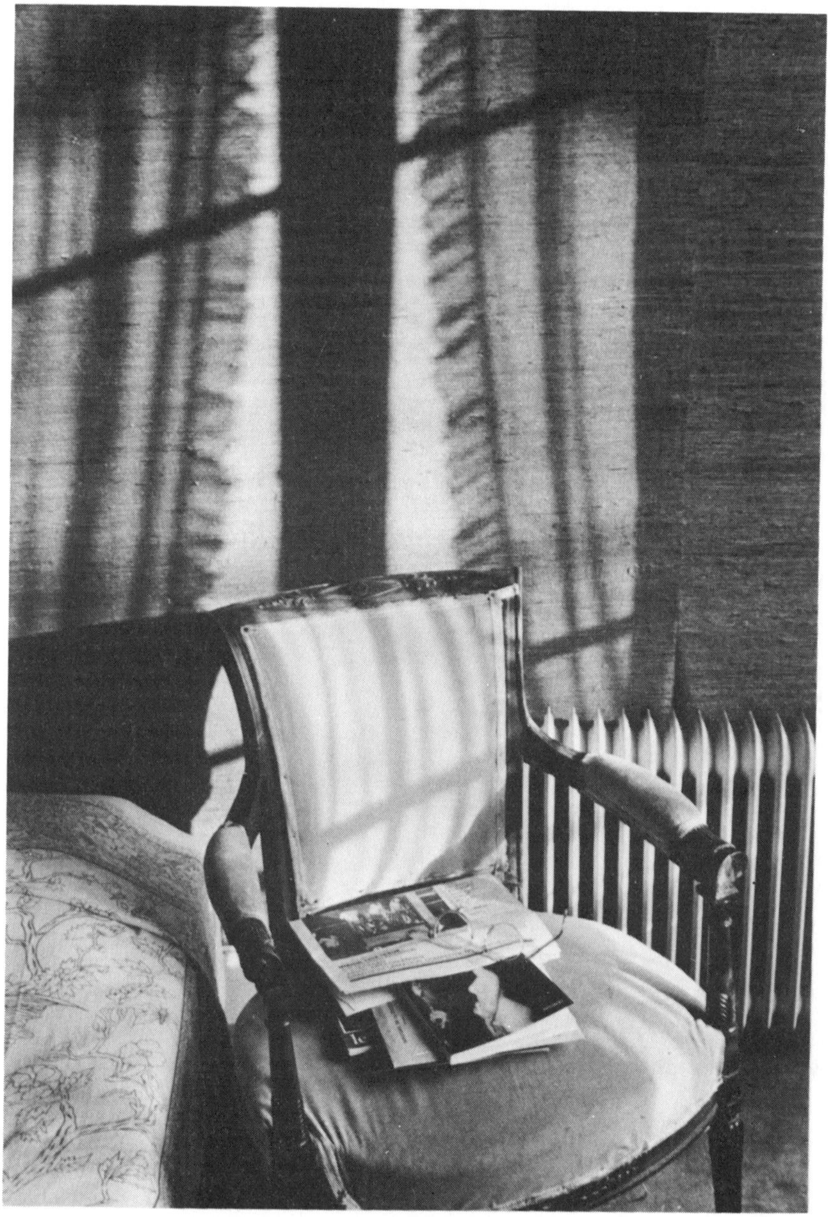

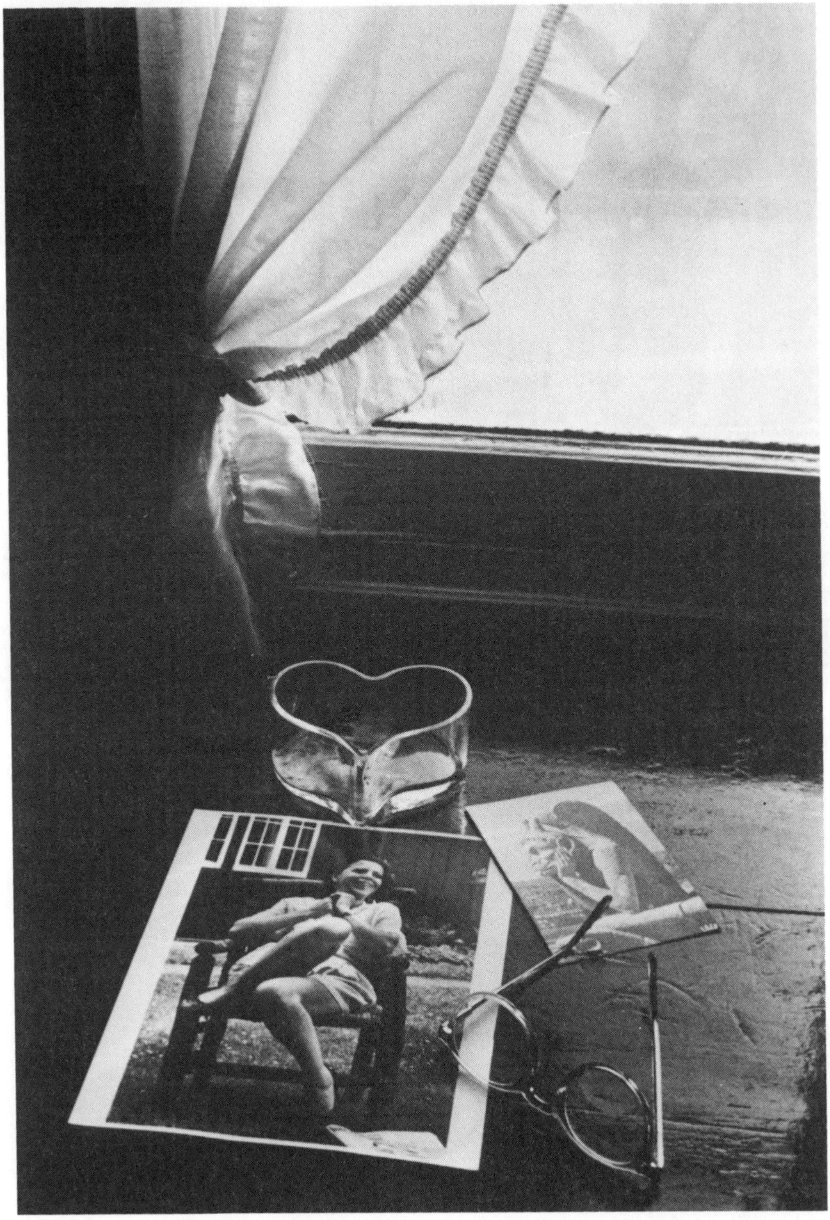

ANDRÉ KERTESZ, SAVOIE 1929

ANDRÉ KERTESZ, SAVOIE 1929

DISTRIBUTION VU

PIERRE MOLINIER, 1968

ANNE TESTUT, « DESCENDANCE », 1985

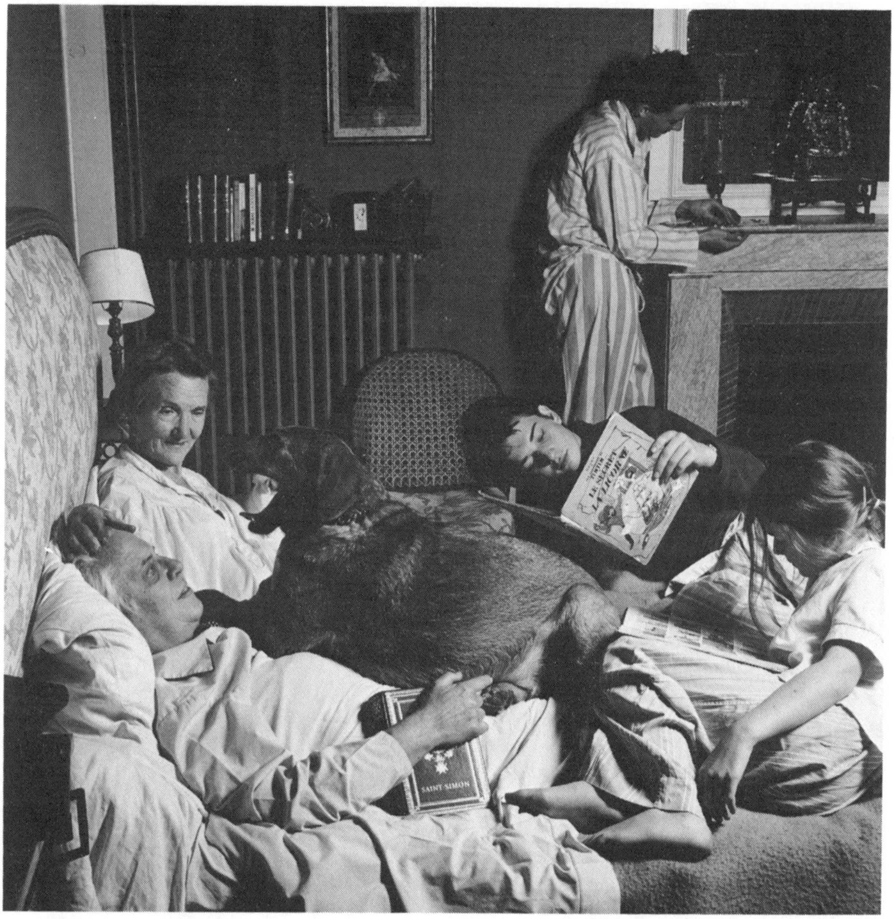

ANNE TESTUT, « DESCENDANCE », 1985

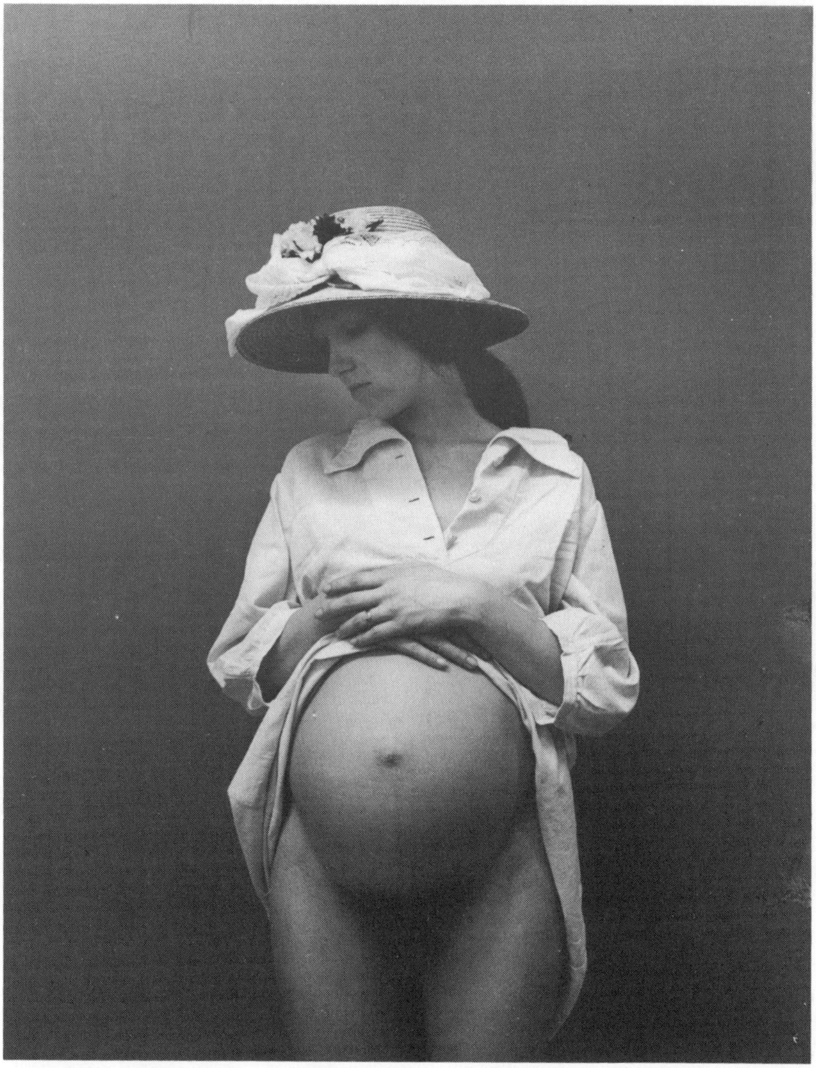

YAN SAUDEK

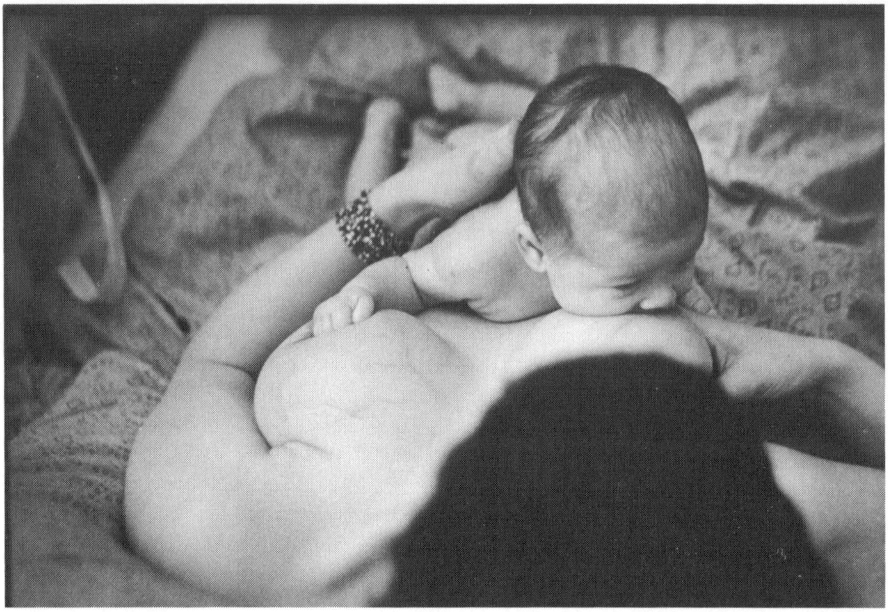

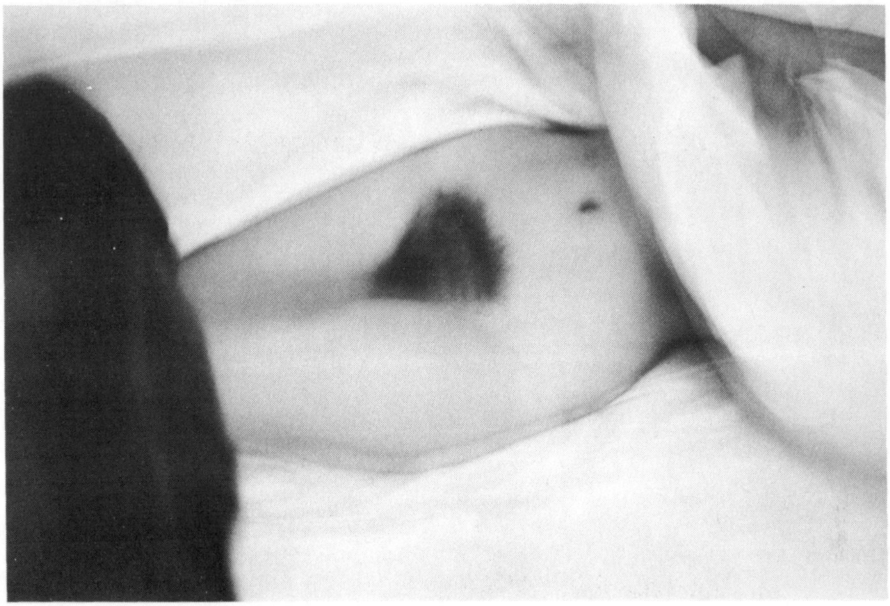

AGENCE VU

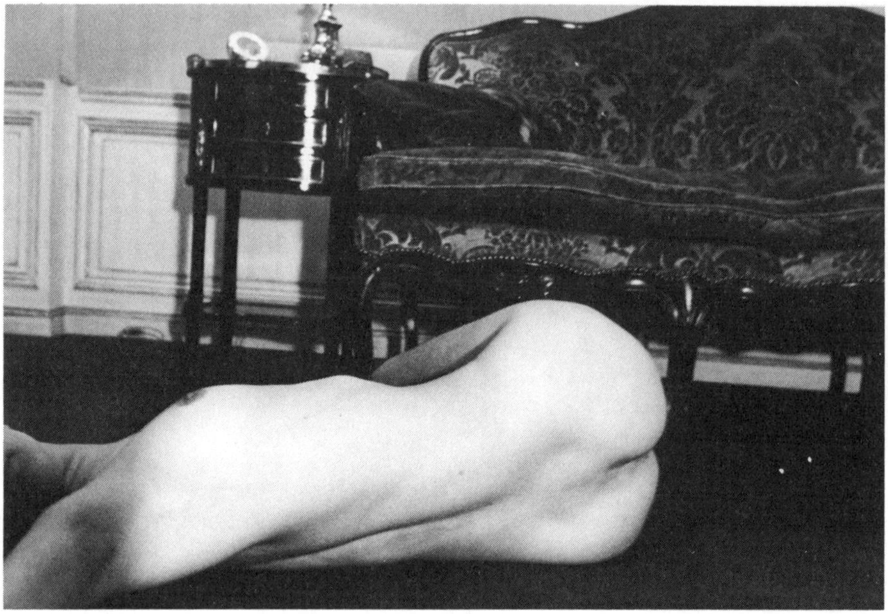

AGENCE VU

MARTINE VOYEUX

AGENCE VU

FRANÇOISE HUGUIER, FEMMES MALIENNES, 1985

AGENCE VU

FRANÇOISE HUGUIER, FEMMES MALIENNES, 1985

AGENCE VU

FRANÇOISE HUGUIER, FEMMES MALIENNES, 1985

AGENCE VU

FRANÇOISE HUGUIER, FEMMES MALIENNES, 1985

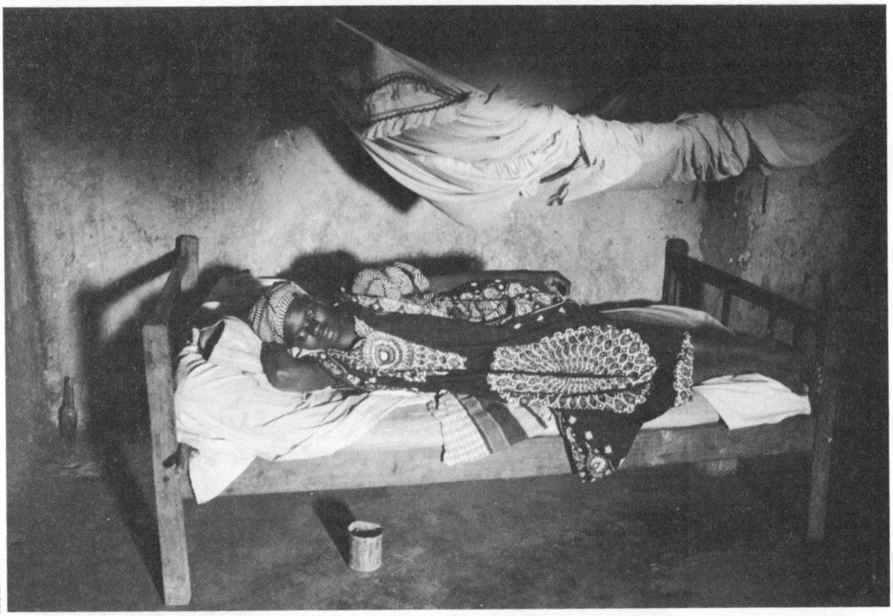

AGENCE VU

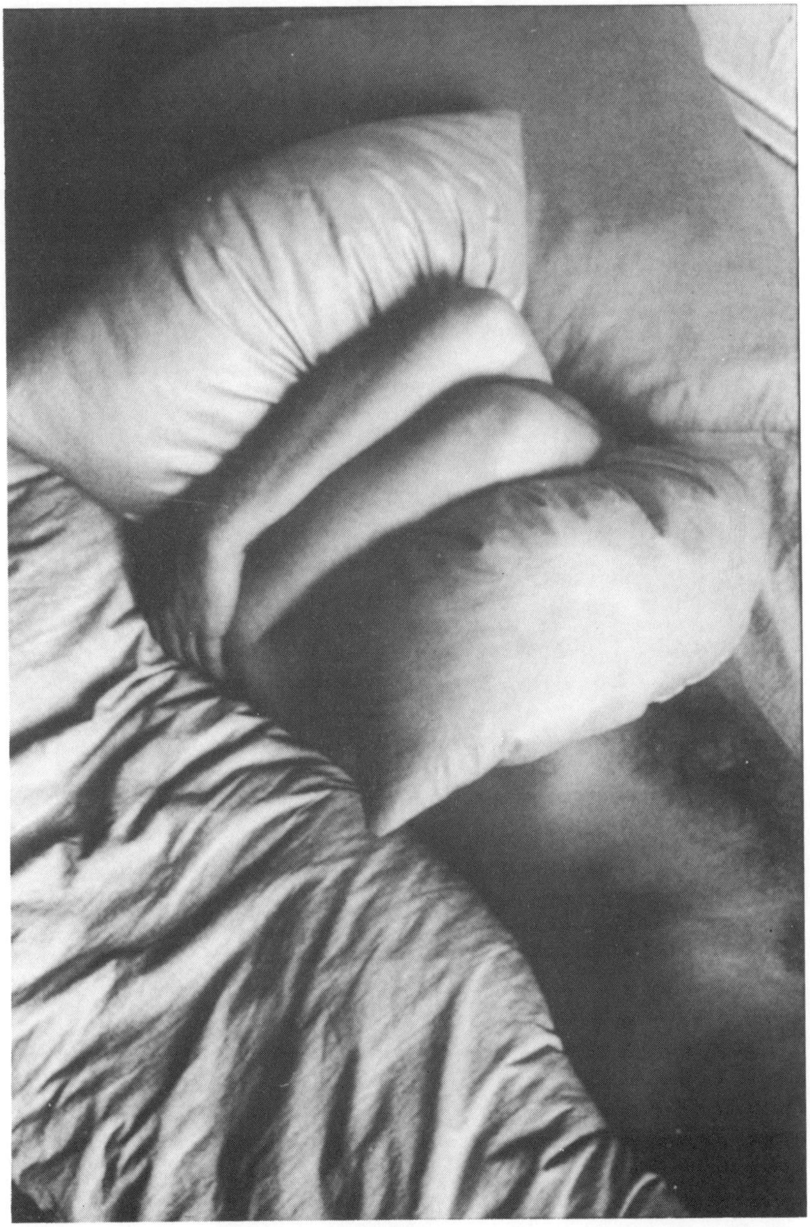

MARLO BROEKMANS, AUTOPORTRAIT. 1984

BLOK & BROEKMANS, ODE TO H. BOSCH, 1980

DE LA DROGUE À LA ROUTE ET DE LA PRISON AUX RENCONTRES AMOUREUSES, LES IMAGES DE LARRY CLARK SONT DES SOUVENIRS. SANS VOYEURISME AUCUN, IL MONTRE DE SA VIE, LES MOMENTS ESSENTIELS, CEUX DE L'INTIME DANS LA COMPLICITÉ.

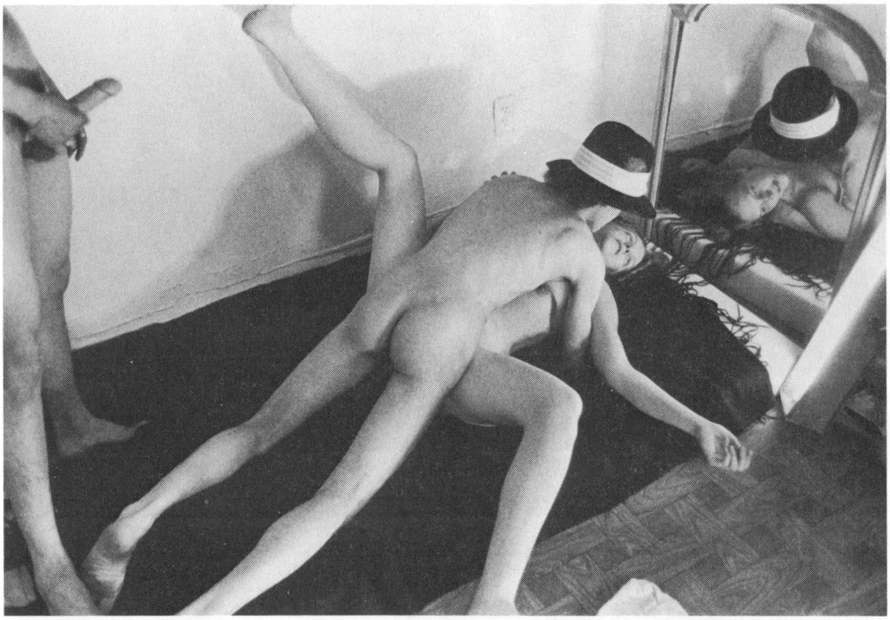

they met a girl on Acid in Bryant park at 6 AM and took her home....

1980

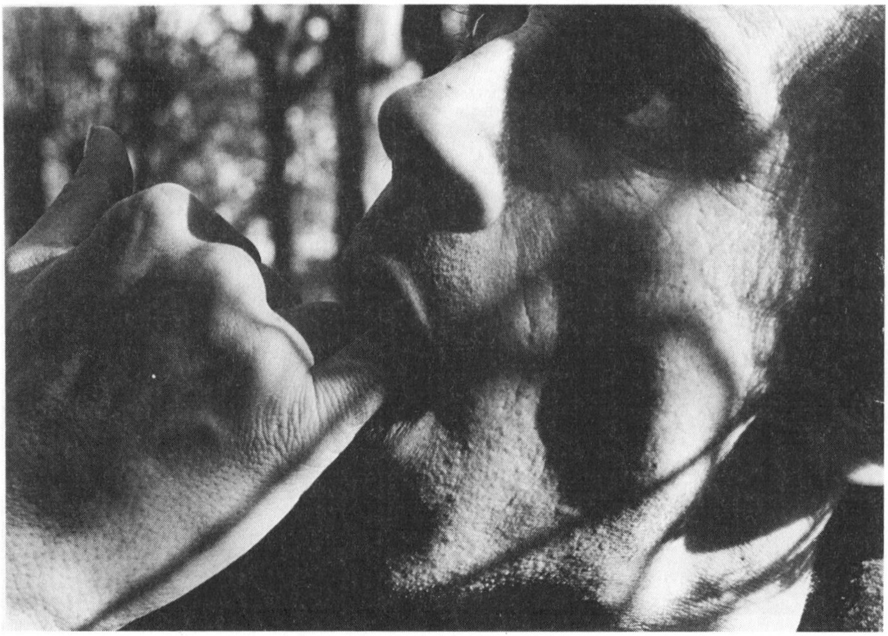

JOSEF SUDEK

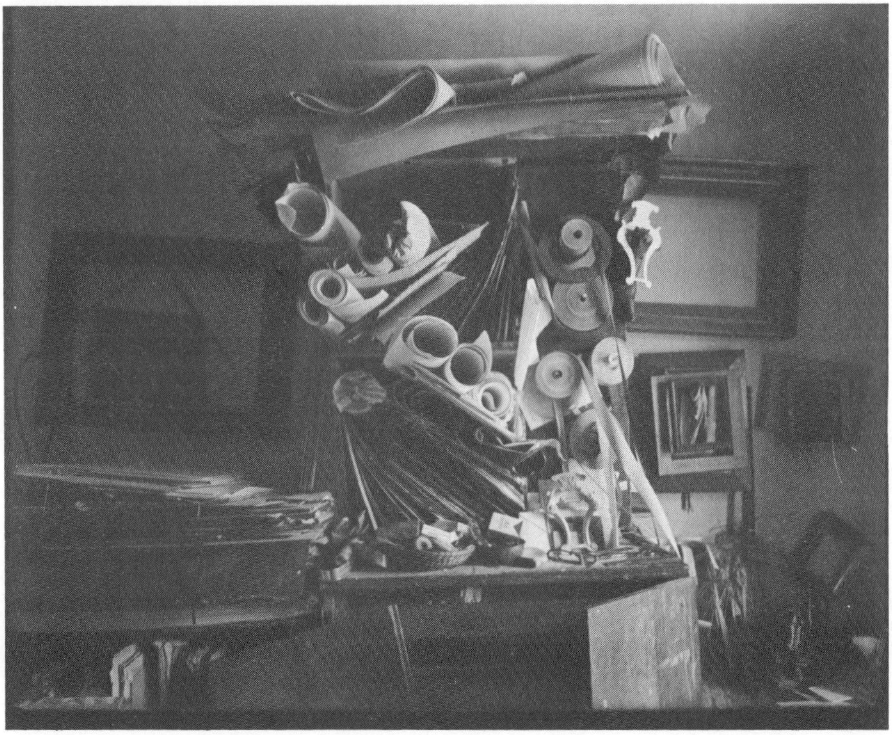

JACQUES REBOUD, LE PETIT SÉMINAIRE, 1981

JACQUES REBOUD, GENNEVILLIERS, 1984

JACQUES REBOUD, LE PETIT SÉMINAIRE, 1980

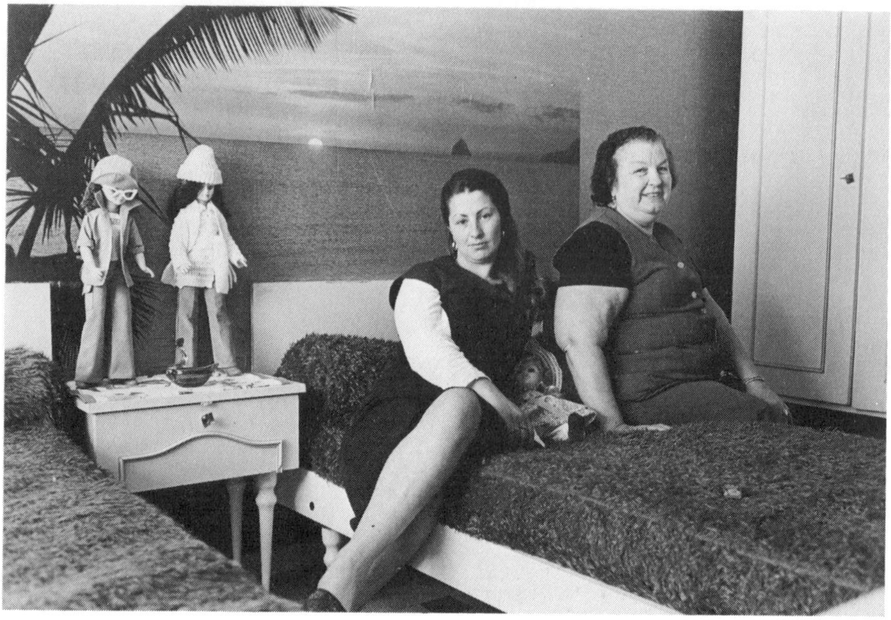

REMERCIEMENTS À
ALAIN LOPEZ ET CHRISTIAN CAUJOLLE
POUR LEUR RECHERCHE ICONOGRAPHIQUE

Effeuillons l'intime du plus extérieur au plus profond ; mais gardons à l'esprit qu'il ne surgit pas toujours là où nous l'attendons. Le jeu n'en est que plus attrayant.

Les créateurs d'espace (designers, architectes) ne s'y trompent pas lorsqu'ils affirment que l'intimité d'un lieu se situe dans la perception que nous en avons, dans l'immatériel.

Décors et lumières tamisées ne changent rien à l'histoire.

La notion d'intime est souvent associée au corps.

Du quel s'agit-il ? En quel contexte ?

Corps paré, suggéré, camouflé par le vêtement, odorant ou parfumé, assoupi, aimant, érotique, corps mourant.

Du corps au corps, car il s'agit toujours du même, d'un écran à l'autre, loin des stéréotypes.

3

LIEUX DE L'INTIME CORPS, ESPACE, ENVELOPPES

L'espace intime est difficile à définir. Il n'existe pas comme une entité réelle, quantifiable et qualifiable pour tous. Il dépend pour chacun d'entre nous du rapport personnel et culturel à un lieu. Il se reconnaît souvent à travers la variable temps, moment fugitif ou codé d'une perception de l'espace environnant quel qu'il soit.

Même quand il s'agit de « spécialistes » de l'espace (architectes décorateurs ou psychologues), l'intimité est plus question que réponse, plus expérience que lieu commun, plus citation que définition.

Monique Éleb-Vidal, psychologue, s'appuie sur l'histoire des mentalités à travers l'architecture domestique, pour en parler : du privé à l'intime. *(*De la salle commune au boudoir, *p. 129).*

Philippe Starck, la « star » du design français, l'enfant terrible des lieux parisiens à la mode (des Bains-Douches au café Costes) s'en défend et s'insurge contre ces lieux communs. Il nous parle plutôt de la « non-intimité » de ces endroits. *(*Une vibration immatérielle, *p. 132).*

Alors que Gae Aulenti, la femme architecte des grands musées parisiens (le musée d'Orsay et la restructuration du musée d'Art moderne du Centre Pompidou) nous la définit à travers la beauté et l'harmonie. *(*Parcours différents, *p. 134).*

DE LA SALLE COMMUNE AU BOUDOIR

entretien avec
MONIQUE ELEB-VIDAL
psychologue, enseignante à l'UPA 1 d'architecture de Paris.

Brigitte Fitoussi. - Comment définissez-vous l'espace intime ?

Monique Eleb-Vidal. - Pour parler de l'espace intime, il faut d'abord commencer par expliquer ce qu'est l'intimité ; c'est en effet une notion assez floue et qui n'a pas toujours existé. Elle apparaît au XVIIIe et XIXe siècles à chaque fois sous des formes très différentes.

Pour donner une première définition, l'intimité est à mon avis d'abord un rapport avec soi-même. Partant de là, on peut se demander quels ont été et quels sont les espaces dans lesquels on retrouve ce rapport.

En France, jusqu'à la fin du XVIe siècle et au début du XVIIe, il existait deux types d'espace : la salle et la chambre où l'on faisait tout. Les gens n'y étaient jamais seuls, membres de communautés, ils vivaient dans ces lieux spacieux sans couloirs ni espaces de retraits. C'est à cette époque que les degrés de privatisation ont commencé à être modifiés car les gens de culture et d'argent n'ont plus supporté de ne pouvoir s'isoler. En effet, avoir des espaces intimes, rechercher la solitude a été au départ une revendication de nantis, un luxe d'aristocrates (alors que les espaces des pauvres ont continué longtemps à être sous le régime de la communauté et du public).

Ainsi, pour que la chambre de ces privilégiés reste publique, on a créé des annexes : la garde-robe (lieu de toilette intime et de déjections) ou personne ne pouvait plus vous suivre, et le cabinet de lecture (la lecture va jouer un rôle important dans la notion d'intimité parce qu'elle nécessite une certaine solitude) où l'on pouvait se retirer pour traiter des affaires et recevoir des amis.

L'intimité est-elle donc liée à la privatisation d'un lieu ?

En quelque sorte oui, car l'idée de pouvoir être seul, à l'abri du regard des autres est le premier degré d'une intimité. Mais ici encore on parle plus de privé que d'intime.

Quand trouve-t-on la première vraie notion d'intimité ?

Au XVIIIe siècle avec l'invention du boudoir, comme endroit féminin très décoré où l'on se retire pour réfléchir à ses peines de cœur mais aussi pour lire. Un endroit intime pour rêver où l'on reçoit ses amis et éventuellement ses amants, où l'on peut être dans une tenue désordonnée. Le cabinet de lecture joue un peu le même rôle pour les hommes. Pour résumer brièvement, la mise en place de tout un nouveau dispositif spatial a permis de passer du plus public (les salons) au plus privé (la garde-robe), de la salle de réception, espace d'ostentation, au boudoir, espace de réception intime. Au travers des gravures de l'époque, on voit, dans ces espaces médiatisés, des corps plus détendus et cela va en se développant encore plus au XIXe siècle.

Ces nouveaux retraits deviennent les lieux de la détente corporelle. Leur intimité permet de ne plus être surveillé et d'une certaine manière d'être défendu des autres.

L'espace intime au XIXe siècle ?

Au XIXe siècle, on assiste à un phénomène très important qui persiste encore aujourd'hui, avec la création d'un autre espace, celui de la convivialité familiale, apparu avec le changement de la conception de la famille, le mariage d'amour, le sentiment maternel, etc. Les enfants devenant très présents dans la vie de famille et le besoin de se réunir entre soi, ont induit la création du salon de famille dans lequel on vit encore aujourd'hui. Depuis 1850, au-delà des styles et des décors on retrouve toujours l'idée de se détendre en famille, à l'écart du jeu social.

En dehors de la famille, l'espace intime se reconnaît-il au travers de caractéristiques physiques, et est-il codé ? Quel est, selon vous, la définition d'un espace « non intime » ?

Un espace « non intime » est organisé pour la réception, pour les autres.

L'espace intime, lui, est avant tout un espace choisi, apprivoisé, qui n'a rien à voir avec un décor défini. Un espace dans lequel on est bien, où l'on choisit justement les gens qu'on y rencontre, où l'on retrouve de la chaleur, de la tendresse, etc. Mais tout dépend des sensibilités, des mentalités et du mode de vie de chacun. Il y a effectivement des différences énormes de perception de l'intime et de ses modalités qui sont infinies, entre le XVIIIe, le XIXe siècle et aujourd'hui. Toutes les variables qui le constituent dépendent des gens mais aussi de l'époque à laquelle ils vivent. Par exemple, au XIXe siècle, la dissociation des odeurs a entraîné la dissociation des espaces (les odeurs de cuisine, des domestiques, etc.). Tout d'un coup, l'odeur des autres est devenue intime alors qu'auparavant, c'était parfaitement toléré.

Pour la lumière, c'est un peu la même chose. De nos jours on accepte beaucoup plus de lumière et c'est normal, alors qu'à d'autres époques quand on ne connaissait pas l'électricité, la qualité de sombre était associée aux espaces intimes. Par exemple, au XVIIe et XVIIIe siècles, il y avait la double toilette : celle publique qui se faisait dans la chambre en pleine lumière, et celle plus intime qui se faisait dans la garde-robe qui devait être dans l'ombre. Tous ces exemples démontrent qu'il y a effectivement des codes de l'intimité qui ont un sens à des époques précises et n'en ont plus par la suite.

Et le bruit ?

Il constitue l'un des points centraux dans la recherche de l'intimité, par le fait d'être à l'écart des bruits désagréables et en même temps ne pas être entendu. L'isolation phonique est aujourd'hui une des grandes revendications des usagers des logements sociaux et des habitations modernes. Ce qui renvoie à toute une série de tentations qu'ont eues les architectes dans les années 70-80 par rapport à l'espace, avec la création de cloisons mobiles, de cuisines ouvertes, de chambres ouvertes sur le séjour et par la multiplication des espaces communs ou centrés. Les pièces ouvertes sans cloisons ni portes dérangent non seulement à cause du manque de protection visuelle mais aussi parce que les gens veulent se protéger de l'écoute indiscrète, ne pas être entendus. Ils veulent pouvoir fermer une porte et avoir la liberté de la laisser ouverte. Au fond, ils refusent que l'architecte les empêche de maîtriser eux-mêmes les degrés de l'intimité. Et, c'est souvent la cause des transformations de leur espace intérieur. Tous les traités d'architecture sont remplis de ces réflexions et de ces histoires sur le changement des mentalités. Les architectes des siècles passés étaient avant tout des sociologues qui connaissaient parfaitement les usages et les mœurs de leur société. A partir du XIXe siècle ils ont commencé à la rêver.

Aujourd'hui on trouve dans l'habitat des espaces de resserrement comme le séjour où l'intimité est liée à des notions de confort, de repos et de convivialité. Être bien chez soi, signifie aussi avoir des coins à soi, se reconnaître à travers des objets familiers, etc. Mais l'espace intime, au-delà des lieux communs, des codes sociaux et culturels, est surtout une création symbolique, une représentation imaginaire pour chacun.

propos recueillis par
BRIGITTE FITOUSSI
Journaliste. Architecte.

UNE VIBRATION IMMATÉRIELLE

entretien avec
PHILIPPE STARCK
designer

Brigitte Fitoussi. - Comment définissez-vous l'espace intime ?

Philippe Starck. - Votre question est mal à propos. Il y a des lieux communs qui animent les façons d'habiter, « un endroit froid », « un endroit chaud ». Je demanderais plutôt : Est-ce qu'il y a des lieux communs à propos de l'habitat et des relations qu'on entretient avec lui ? Et comme exemple, je citerais l'intimité.

Y a-t-il donc des lieux communs à propos de l'habitat ?

Oui, l'intimité est une forme de lieu commun à propos de l'habitat, elle est pour moi immatérielle et ne peut en aucun cas se traduire dans un espace.

Que signifie alors pour vous l'intimité ?

Je crois que je ne sais pas ce que c'est. J'ai toujours été incapable d'habiter des endroits intimes et d'en faire, pour la bonne raison qu'afficher matériellement l'intimité me semble impudique. Il me paraît même malsain de demander à un décorateur de vous faire votre propre intimité.

Vous ne répondez pas à ma question.

L'intimité est un fonctionnement et c'est d'abord un rapport avec soi-même. Je ne vois pas tellement ce que peut être un endroit intime. Quelquefois parce qu'il y a ce lieu commun des espaces intimes, et parce que, ne réussissant pas à savoir ce que c'est ni à en avoir un, j'arrive à souffrir de ce manque que je ne connais pas. Pour moi le lieu intime n'existe pas.

Pourquoi ?

Je suis complètement ouvert, et l'intimité, ça veut dire cacher des choses ou faire des choses que l'on cache aux autres. Je ne cache rien, je ne vois pas ce que j'aurais à cacher. Ma maison, par exemple, est entièrement ouverte, elle n'a pas de meubles, les gens traversent ma chambre, on l'appelle « le zoo » ou « l'hôtel ». Je crois qu'un endroit intime est adapté pour faire des choses privées qui ne sont pas vues des autres.

Vous voyez, vous me donnez quand même une définition de l'espace intime.

Le lieu intime est une séquelle d'un fonctionnement bourgeois que je ne connais pas. L'intimité, c'est mental, on la porte en soi, aussi bien dans le rapport avec soi-même qu'avec les autres. On peut être « non intime » avec quelqu'un dans le summum de ce que l'on pourrait imaginer comme endroit intime, un boudoir marocain par exemple, rempli de coussins, d'encens et de pipes d'opium, et que cela soit aussi froid qu'un congélateur ou une réalisation Starck.

Vous ne faites jamais d'espaces intimes ?

Je ne fais pas d'espaces privés, je ne fais jamais d'appartements.

Le seul que j'ai jusqu'à présent réalisé est celui du président Mitterrand, mais on ne peut pas dire que ce soit vraiment un appartement privé.

A part les lieux communs contre lesquels vous vous insurgez, qu'est-ce qu'un espace non « intime » pour vous ?

C'est tout ce que je fais, tous les endroits que je crée.

Je ne suis pas très convaincue par vos réponses...

Comme je le répète, l'intimité est immatérielle, je ne crois pas qu'il y ait des lieux intimes mais il y a des moments d'intimité. Le temps et les moments sont quelquefois plus importants que les lieux. On peut avoir un regard, un rapport très intime avec quelqu'un dans un hall de gare. L'intimité est avant tout une vibration et peu importe l'endroit. On aimerait à croire qu'elle est liée à la dimension ou à la qualité d'un espace mais là encore, c'est un lieu commun qui ne se traduit jamais ainsi dans la réalité.

propos recueillis par
BRIGITTE FITOUSSI

PARCOURS DIFFÉRENTS

entretien avec
GAE AULENTI
architecte

Brigitte Fitoussi. - Comment définissez-vous l'espace intime ?

Gae Aulenti. - Je crois qu'il n'y a pas d'architecture sans espaces intimes. Par exemple dans un musée, il y a un espace intime qui est le rapport du visiteur avec une œuvre. En effet il existe deux possibilités dans le regard d'une œuvre d'art ; la première est collective et l'autre individuelle. La perception individuelle est très intime. Ce n'est pas simplement l'aspect rationnel qui intervient ici mais un côté caché dans chacun d'entre nous, un côté souterrain en ce qui concerne le choix d'un tableau qui nous fait plus plaisir à regarder qu'un autre.

A quoi se réfère l'espace intime ?

L'intimité est liée à la forme d'un espace. Dans un musée on parcourt d'abord les lieux d'accueil du public, les espaces plus généraux, ensuite on découvre les salles où l'on peut regarder une œuvre et peut-être trouver une intimité. Et cela parce que l'on aura donné à chaque salle à travers des moyens très différents une forme qui n'est pas simplement celle d'un espace physique mais aussi celle d'un espace-temps. Une forme complexe à travers l'éclairage, l'acoustique, le volume, les cloisons, les matériaux, etc. C'est un espace dans lequel on cherche à donner à chacun des visiteurs sa propre résonance.

Et au niveau de l'habitat ?

C'est la même chose, on peut comparer le séjour à un espace collectif, et la chambre à coucher à un espace individuel mais qui n'est pas forcément intime.

Dans le séjour chacun s'investit et peut trouver une intimité à y vivre avec un objet qu'il aime ou un coin. C'est un peu une sorte de mélange entre du collectif et du privé qui doit trouver une harmonie.

Mais, d'un point de vue architectural, cette harmonie se crée avec l'intégration des différentes variables qui composent un espace et qui forment des rapports entre le dedans et le dehors, entre une pièce et l'autre. Autant d'éléments qui, au niveau de la géométrie spatiale, donnent la possibilité de lire un espace à travers le temps.

Comment les gens vous parlent-ils de l'intimité quand vous avez à leur faire un lieu ?

Les particuliers ne présentent jamais en termes clairs l'intimité, ils parlent de chaleur en rébellion contre l'architecture moderne qui, comme lieu commun, est reconnue comme étant froide. S'il y a une richesse dans le contenu de la forme, c'est-à-dire la lumière, l'acoustique, etc., c'est chaud même si le mur est peint en blanc ou si les fenêtres ont des huisseries en aluminium.

Qu'est-ce qu'un lieu « non intime » pour vous ?

C'est ce qui ne donne pas la possibilité d'intérioriser la perception parce que l'intimité est liée au processus de connaissance.

Qu'entendez-vous exactement par cette connaissance ?

Le processus de connaissance, c'est aussi parcourir un lieu. Je parle ici de ce que je connais, c'est-à-dire l'architecture. Et la connaissance de ce lieu se fait différemment pour chacun. C'est proprement dans cette différence que l'on retrouve l'intimité, la chose liée à soi-même. L'intimité n'est pas un sentiment car elle se rattache justement au processus de connaissance. Si j'entre dans une gare ou un édifice public, ce n'est pas simplement le fait d'une connaissance collective, c'est aussi celui d'une connaissance intime parce que j'ai la possibilité de me mettre en relation avec différents éléments qui s'expriment chez certains pour les mêmes raisons et pour d'autres non.

On a parlé en général de l'espace intime et de ses composantes, mais à quoi se réfèrent vos propres créations d'espaces intimes ?

C'est très personnel. Je crois, et peut-être est-ce une utopie, me référer à la beauté. Elle peut donner une forme physique mais aussi temporelle à un lieu. Cela dit, c'est beaucoup plus compliqué que cela car il y a d'autres paramètres en jeu. Je ne cherche pas simplement à « faire la beauté » mais je suis sûre que si l'on se trouve devant un bel espace, sa perception, bien qu'elle soit différente pour chacun, devient intime.

propos recueillis par
BRIGITTE FITOUSSI

JEAN-THIERRY MAERTENS

LE VÊTEMENT, CORPS ET DÉCORPS

Nus, tels qu'on peut les imaginer à l'aube de l'humanité, les corps portent en eux de l'imparlable. L'intimité qu'un humain peut connaître de son corps naît du passage au symbolique et simultanément de la frustration de si mal exprimer cet imparlable. Apparaît alors une respectueuse complicité du sujet avec un corps qui en sait plus long que le symbole : ainsi, l'intimité est la connivence surgie de la distance qui sépare irrémédiablement le corps et le discours.

Cette connivence n'est cependant pas la même pour l'homme et pour la femme. Nous voudrions le montrer en pointant dans l'histoire du vêtement quelques repères éclairants.

Nous partons d'un revêtement particulièrement archaïque encore observable dans quelques sociétés : l'homme porte un étui pénien comme seul costume alors que la femme, tout aussi nue, noue autour des hanches ou du bas-ventre une ceinture de liane à peine tressée. L'étui projette le sexe mâle en constante érection alors que la ceinture renferme on ne sait quoi au-dedans du corps. Le masculin se distingue ainsi du mâle de montrer ce qu'il n'est pas et le féminin se dégage de la femelle de ne pas montrer ce qu'elle est. Même si l'homme inscrit sur son étui ses exploits de chasse ou de guerre. Même si la femme suspend à sa ceinture perles et cauris, l'un et l'autre savent que ce n'est pas ça, l'exploit ne compensant pas la détumescence et la castration, les perles ne valant point la complétude et la fusion, à moins que le rite et la névrose qui lui correspond ne finissent par établir les règles d'échange de l'un pour l'autre. L'intimité de ces humains minusculement vêtus avec leur corps peut être réelle : garder pour soi et sur soi un secret certes indicible pour ne livrer qu'illusion aux regards des autres.

Le vêtement le plus archaïque ne se préoccupe donc pas essentiellement de couvrir telle ou telle partie du corps : il suffit qu'un lieu du corps passe au symbolique pour qu'aussitôt s'installe cette connivence du sujet avec lui-même qui se nomme intimité. Les parties génitales ne sont pas nécessairement les premières à être couvertes : dans les fresques des falaises du Tassili, hommes et femmes portent le pagne mais seulement sur les fesses, le devant à nu, comme si la libido des sujets en était à un stade présexuel. On rencontre certes des comportements qui ressemblent à la pudeur : certains Amérindiens du Sud mésestiment leurs voisins qui se baignent sans l'étui pénien mais ce mépris ne concerne pas des impudiques : bien plutôt des humains qui, en se privant d'une marque symbolique, régressent à l'animalité et perdent toute intimité avec eux-mêmes. Une fois franchie la distance qui sépare l'imparlable brut et engloutissant de la parole ou du symbole les plus frustes qui soient, toute abolition de cette distance relève du suicide ou de la psychose.

LOIN DE L'ÉTUI PÉNIEN

Sautons quelques siècles et quelques cultures pour nous retrouver dans un univers totalement différent : les grandes sociétés étatiques et, parmi elles, plus particulièrement celles de la chrétienté. L'homme comme la femme sont totalement recouverts ; la tête seule émerge mais aussitôt dotée d'une coiffure ou d'un voile.

Les hommes tout d'abord. Commençons par le sommet : empereur ou roi revêtus d'un manteau si ample qu'il faut quelques caudataires pour les aider en déplacement. Or sur ce manteau sont brodés les signes du zodiaque, reproduits les principaux astres du ciel et les éléments de la terre, dessinés les symboles des grandes vertus morales, parfois gravées les scènes de la Création par le Pantocrator ou celles du Jugement dernier. Or les officiers subalternes jusqu'au plus lointain palefrenier portent eux aussi la livrée qui reproduit parcellairement le manteau impérial et l'étend de la sorte sur toute la société, les corps individuels ainsi solidaires dans le port de ce vêtement. Au surplus, ce manteau et ses reflets inférieurs sont solennellement imposés par un tiers, pape ou évêque pour le manteau central, empereur et roi pour les reflets : en d'autres termes, ce manteau et ses succédanés sont moins faits pour revêtir un corps propre que pour inventer un corps mystique distinct du charnel, un corps public différent du privé. L'homme ainsi revêtu se voit dès lors imputer deux corps : le sien propre et un Autre, le premier caduc et mortel, le second immortel et spirituel à échelle cosmique ou christique. On est loin du modeste étui pénien : le manteau et la livrée parlent fort, si fort qu'ils couvrent l'imparlable, s'y substituent, le métaphorisent, l'éteignent à la limite de toute leur forclusion. Ils dissolvent si bien l'imparlable que celui-ci pourra dorénavant être nommé (l'âme), sanctifié par les sacrements, culpabilisé par la morale, promis à l'éternité, et le discours théologique d'en parler assez pour qu'il ne reste rien d'indicible. On ne peut dès lors parler d'intimité : rien d'intime là où tout est intimé. Le corps revêtu de pareil manteau est aliéné de deux côtés à la fois : d'être le support d'un autre corps signifié par le vêtement et d'être doublé de l'intérieur par l'âme dont il n'est lui-même que le vêtement provisoire. Aucune connivence possible dès lors entre le sujet et son imparlable, aucune distance entre ce dernier et le symbolique qui le couvre.

UN BALLOT INTERCHANGEABLE

La femme n'est pas mieux lotie. Passons sur celles qui, impératrice ou reine, partagent l'aliénation de leur époux mais toutes sont recouvertes d'un manteau utéral qui les encrypte dans un corps-Mère aussi immortel que le corps mystique des hommes. Le vertugadin espagnol ou le panier français amplifient jusqu'à l'encombrement les formes maternelles de leur corps et cachent tout ce qui pourrait être soupçon de corps réel. La femme est d'ailleurs parfois si voilée qu'elle se présente comme un ballot interchangeable (comme Lia prise par Jacob pour Rachel). Ce corps-Mère dont se revêt la femme n'est cependant pas analogue au corps mystique masculin : celui-ci est extérieur à l'homme et lui advient par investiture ; celui-là est intérieur à la femme, façon de dire son imparlable : il n'est dès lors pas nécessaire que la femme ait une âme : le corps-Mère en tient lieu dans cette hantise de mettre des noms sur l'indicible.

Il est frappant qu'à côté de ces hyperrevêtements, la promiscuité du nu est fréquente, le corps trop insignifiant pour mériter quelque pudeur : les bains sont mixtes et publics ; le roi se livre nu, lors de son lever et de son coucher, aux mains des plus haut gradés pour procéder à son habillement. Une différence toutefois entre les sexes : le corps de l'homme est sandwiché entre le manteau mystique au-dehors et l'âme au-dedans alors que la femme voit son intérieur absorbé dans la fonction maternelle qui la recouvre comme d'un gigantesque utérus.

La connivence de la femme à son corps est trop fonctionnelle, dans la maternité, pour constituer une véritable intimité ; à tout le moins est-elle plus récupérable chez la femme que chez l'homme, renvoyée qu'elle est davantage à son corps. Et la femme de rêver effectivement de l'intimité de certaines d'entre elles, précisément celles qui, vierges, ont pris distance à l'égard du corps-Mère : la vénération des accouchées ou des stériles pour telle chemise de Jeanne des Anges ou telle ceinture de Marie ou de Marguerite est significative à cet égard : ces vêtements quasi fétichisés ont touché des corps, sont imprégnés de leurs effluves, même si ceux-ci sont plus de grâces que de chair et les femmes qui les ont portés sont estimées avoir eu avec eux quelque intimité qui peut rejaillir sur les autres.

Du neuf se produit du côté des femmes contemporaines depuis sans doute que leur féminité est apparue plus ou moins indépendante de la maternité : les oripeaux du corps-Mère sont abandonnés en même temps que, chez les hommes, le manteau du corps mystique. Mais alors que cet abandon laisse le corps de l'homme castré de lui-même, satisfait de sa force productrice compensatrice, il permet à la femme de découvrir un nouveau corps dans un retour à l'imparlable qu'un moment on avait réduit à la maternité. Une nouvelle inscription symbolique revêt ce corps et l'intimité de la femme avec le sien réapparaît dans le respect des consignes symboliques et simultanément leur limitation : tel ce bord de la robe montrant et cachant la jambe, esquissant et voilant la poitrine : jeu où le symbolique parle et laisse imparlé et dans lequel la femme sait qu'en montrant elle ne révèle rien sinon au partenaire qui sait l'imparlé.

CONNIVENCE DU CORPS ET DE SES SYMBOLES

L'intime serait-il dès lors féminin ? Le symbolique paraît bien être invention masculine — il est hors de propos ici de s'en expliquer — ; la femme l'a intégré comme la seule possibilité, pour elle comme pour l'homme, de sortir de la psychose mais l'a fait comme d'un code venu de l'extérieur et jamais tout à fait ça. D'où l'ambivalence de son intimité — en représentation et simultanément en secret — et l'absence d'intime chez l'homme qui a supporté sa castration en trafiquant tout l'imparlable en son corps dans le discours qui en procède. L'intime n'est donc pas le privé, rapport du sujet à son corps ; il se soutient de l'ambiguïté de ce rapport. C'est donc dire que l'homme n'accède à l'intime que dans la rencontre d'une partenaire qui lui accorde le droit de la déshabiller avec le doigté qui joue du symbole et le tact qui touche à l'imparlable : l'intimité est partage.

L'ambiguïté de l'intime est particulièrement malaisée à maintenir et l'excès ne manque pas. Celui du fétichiste qui collectionne les sous-vêtements féminins, croyant en accumulant les signifiants métaphoriser l'imparlable, ou celui du travesti qui croit les signifiants assez détachés du corps pour passer de l'un à l'autre, confondant l'illusion du symbolique et la tromperie. Mais l'excès guette tout autant la femme, par exemple dans la soumission totale à une mode qui tend de plus en plus, sous l'effet publicitaire, à inventer un corps-Femme comme il y eut corps mystique et corps-Mère : façon de réduire l'intime au tout-venant et de monter le corps à son revêtement. Excès également de l'effeuilleuse qui retourne aux voyeurs pour quelque monnaie les pièces de son habillement et il est vrai qu'elles ne sont que des signifiants ; mais la femme est précisément capable d'en faire autre chose, dans l'ambivalence de l'intime. Avouerait-elle qu'à ainsi se mettre nue, elle en serait incapable ? Mais alors, c'est de sa nudité même qu'elle fait un simple signifiant dans le discours des autres. Non que la nudité ne puisse être intime, le geste suppléant alors au vêtement : notre propos étant vestimentaire, ce n'est guère le lieu d'en parler.

Terminons en beauté : l'intime a en effet quelque chose à voir avec elle. Il suppose au niveau de la représentation le respect d'un certain code esthétique mais lui apporte son fondement essentiel : l'incontournable sur lequel il se construit et si l'intime transgresse parfois ce code, c'est bien pour dire autrement la connivence du corps et de ses symboles.

JEAN-THIERRY MAERTENS

Ethnopsychanalyste. Auteur de *Ritologiques* (Éd. Aubier-Montaigne, 1978-1980).

FRANÇOISE VINCENT-RICARD

UNE SECONDE PEAU

Le vêtement est avant tout un objet transitionnel, interface entre le corps et l'autre. Tourné vers le regard de l'autre, il marque les limites protégeant notre intériorité ; il symbolise le pouvoir de conquérir.

Notre manière d'habiter notre corps, en habitant nos vêtements, laisse émerger le plus intime, le plus occulte, nous permettant en retour d'être objet du regard de l'autre. Et c'est ce regard porté sur moi qui, en retour, peut modifier la vision que j'ai de moi.

Jeu de l'intime, du « je » qui permet de se reconnaître dans le regard de l'autre. En nous efforçant de satisfaire deux attitudes contradictoires : préserver notre intériorité et attirer l'attention, s'exprime et se donne libre cours le conflit inconscient qui anime sans cesse notre ego. Jeu des contraires qui, seul, permet l'existence et la reconnaissance de soi.

Le vêtement par sa double fonction d'écran et de parure demeure le meilleur champ de cette ambivalence intime.

Dire aujourd'hui que « la mode est à la mode » est dérisoire. N'est-ce pas une meilleure approche de poser qu'une société plus ludique permet aux pulsions de mode toutes les expressions du désir ?

LES JEUX DE LA MODE

Jusqu'à la guerre et depuis le XIXe siècle, la mode était basée sur la reconnaissance des codes sociaux, qui réglementaient, plus qu'ils ne laissaient s'exprimer les pulsions intimes.

La création de mode, à cette époque, était réservée à une élite, qui se considérait comme seule dépositaire de sensibilité artistique. Le commun des mortels « suivait la mode ». Les mannequins qui la présentaient étaient totalement anonymes, porteuses du code et défilaient le regard absent, le visage clos. La presse diffusait ensuite, en à-plats, des modèles destinés à faciliter la technique de reproduction des couturières.

Quant à la vêture masculine, elle était encore plus figée dans un costume trois-pièces, où l'homme sobre s'imposait dans une société industrielle. Il estimait avoir gagné en « vrai pouvoir » ce qu'il avait perdu en « apparence ». Ce fut la « grande renonciation masculine », nous dit Flügel[1].

1960 : apparition d'une nouvelle génération, née du baby-boom. Cent mille juniors envahissent le marché chaque année. Ils deviennent une classe à part, mais sans aucune mode spécifique qui leur convienne, alors qu'ils vivent avec passion toutes les mutations économiques, politiques et culturelles de l'époque.

Tout naturellement, une nouvelle race de créateurs va naître de cette génération et créer une mode qui lui convienne, partant des désirs de « la rue, pour la rue ». Une nouvelle prise de conscience se fait autour du corps, on est bien dans sa peau, on se libère, on entend exister et le faire savoir.

Une mode « seconde peau », n'exprimant plus une rupture entre un corps caché et un corps qui se donne à voir, est un dénominateur commun des créateurs de l'époque :

Cacharel réinvente le « chemisier », liquette épousant le corps, dans un tissu crêpon qui ne fait pas écran. Il est transparent, il est sans motif, il est froissé, froissable.

D. Hechter, M. Rosier inventent un nouveau *sport wear,* qui bouge avec le corps, qui l'accompagne dans ses mouvements.

E. Khanh féminise les nouveaux classiques en mettant à jour un tailleur de l'avenir, souple, léger, aux lignes arrondies. Une sensibilité nouvelle pour habiter un vêtement.

S. Rykiel, « la reine du tricot », va imposer un « jersey nommé désir » *(Elle).* C'est un pull-chaussette qui colle à la peau. « J'ai voulu bouger la coupe, les emmanchures, les carrures... Je libère l'érotisme », « Ce vêtement est la sensation que le corps a de lui-même intérieurement[1]. »

Ces créateurs sont aussi vendeurs, les Jacobson (Dorothée Bis) et d'autres comprennent vite que les 15-20 ans veulent aussi des magasins qui leur ressemblent, bouillonnant de propositions, dans une liberté ludique. La mode « Junior » est née et vendue mais, précise E. Sullerot en 1966, « nous autres les femmes, la majorité en somme, nous vivons plus libres que jamais, plus femmes à 35 et 45 ans qu'aucune génération ne le fut jamais. Une mode, souvent considérée comme un excès, a entraîné une dynamique de renouveau à tous les âges »[2].

La haute couture elle-même se remet en question, crée un style révolutionnaire. Au chic inaltérable de la haute couture, vient s'opposer le choc Courrèges : « Cette mode volontairement très jeune, avec ses références collégiennes[3]. » Mode mini, mais taillée comme par un géomètre, ne laissant voir que la tête et les jambes.

Yves Saint-Laurent crée son smoking féminin (label de toutes ses collections depuis 1966). Sa divinité, la femme, peut donner libre cours à ses composantes féminin/masculin, en portant un costume pantalon, sur un chemisier hypersexy, transparent. Tout le « jeu » de l'intime entrevu, dénudé... joue comme jamais.

Ce qui marque donc cette période révolutionnaire pour la mode, c'est que l'on habite différemment son corps et ses vêtements. La fonction même du désir : montrer/cacher, est prise en compte, pour jouer, pour en jouir, avec soi, avec l'autre... Mode mini, transparente, seconde peau.

Le jean, vêtement universel du XXe siècle, en est bien l'illustration la plus exemplaire : « C'est un vêtement fonctionnel, terrestre, mais aussi le plus sensuel[4]. » S'il exprime la liberté, la sensualité, c'est parce qu'il signifie « l'intégrité »[4]. Cette intégrité du jean de base qui le rend neutre, universel, lui permet d'être écran-support de l'intime, mais aussi mise en valeur sexuelle, en étant jean-peau collé à la peau. Celle qui habite un jean dévoile mieux son corps qu'en portant une robe ou une jupe, même mini.

C'est l'intégrité même du jean qui le rend « décodé socialement » pour être porteur à son tour de tous les codes possibles. Au cours du XXe siècle, il est repris comme support de toutes les variances, de tous les messages, par broderies, cloutages, découpes, peintures, délavages interposés, pour revenir inlassablement au pionnier : le « 501 » original, créé par Levi's en 1873.

La mode des années *70-80,* on l'avait crue « en crise »... comme l'économie... elle s'éclatait au contraire physiquement comme intellectuellement.

Apparaît en effet toute une nouvelle race d'artistes qui affichent leur vision intérieure provocante et paradoxale d'un monde en transition.

Th. Mugler nous a offert des Barbarella de science-fiction, des Esmeralda primitives, des veuves siciliennes ou des glamoureuses hollywoodiennes.

Ch. Montana présente ses merveilleuses, ses pompéiennes, ses footballeuses sophistiquées, ses uniformes dramatisés.

A.-M. Beretta nous offre la netteté de ses enroulés, de ses noués, « des asymétries pour traduire les travers de la vie », dit-elle.

J.-Ch. de Castelbajac installe un style « écologie brute, mais raffinée », avec ses couvertures de pensionnat et ses maxi-patchworks. « Mes vêtements sont intemporels. »

C'est aussi l'instant de la rencontre Orient-Occident. Issey Miyaké et Kenzo viennent à Paris et ouvrent un nouvel espace du vêtement pour le corps. « Dans le vêtement occidental, l'espace entre le corps et le tissu disparaît. Dans le costume japonais, l'ampleur du tissu est capitale. En usant des deux techniques, on intègre le mouvement. Tissu et corps cessent de s'affronter[5]. » La maille et le tricot sont de plus en plus essentiels pour exprimer une nouvelle harmonie corps et séduction. S. Rykiel toujours : « Mes tricots sont destinés à une femme qui n'a pas d'angles. Une femme qui se coule dans le monde, une femme qui ne se coupe ni du monde ni d'elle-même[6]. »

Ainsi se crée une nouvelle géométrie corps-vêtement où les frontières, les bords, les lisières ne marquent plus une limite, un envers, un endroit. Et si l'envers valait l'endroit ? S. Rykiel retourne ses vêtements. A la même époque, Beaubourg est un bâtiment « retourné », dont l'intérieur se trouve à l'extérieur.

J-P. Gaultier par ses dessous (porte-jarretelles) mis dessus, veut donner « une réponse au goût naïf de la distinction rigide ».

Les déclarations vestimentaires de tous ces créateurs faites dans la provocation, l'humour et la séduction ont permis une nouvelle vision du jeu de la mode... grâce à quoi il n'y a plus cet éternel code des longueurs obligées, cette coordination de bon(s) ton(s)... On superpose, on multiplie, on décoordonne, on ajoute, on accessoirise. « Exprimez-vous pour vous-mêmes, écrit *Vogue,* il n'y a plus de règle dans le jeu de la mode. »

En parallèle, ces provocations libres amènent aussi des recentrages vers les valeurs sûres, éprouvées, indémodables, traditionnelles (BCBG)... mais le jeu quelque part existe... contrôlé bien sûr... entre foulard Hermès, mocassin, polo et... jean ; cachemire et soie des Folies d'Élodie.

Et la mode va toujours plus loin dans la provocation en 1980... avec le look « haillon ». C'est la démonstration par les Japonais d'une « implacable renaissance de l'allure humaine »[7]. Ces formes surdimensionnées évoquent pour M. Thomas des formes éternelles, accentuées ; croisements entre plusieurs civilisations et plusieurs époques, avec un langage neuf fait de coïncidences[8].

Mais dans ces conflits proposés à l'intime entre provocation et régression, un courant important de création va naturellement, évidemment vers la *simplicité absolue.* C'est par exemple le créateur Zoran (USA) surnommé « minimaliste » pour qui la mode, c'est « le classicisme intemporel, rien d'inutile, sans innovation gratuite »... et toujours en cachemire. Guy Paulin (France) propose le meilleur des naturels dans une ligne simplissisme, mais toujours des matières superbes.

Une re-connaissance de la matière est un dénominateur commun qui marque la créativité des années 80. Les créateurs de mode sentent que la prise en compte du tissu est pour eux de plus en plus essentielle ; comme si leur instinct créatif voulait, par le regard et le toucher textile, nous préserver de l'environnement agressif. Seul le textile en effet construit une « trame », contact sur la peau, de la naissance (langes) à la mort (linceul). Il est l'objet transitionnel par excellence entre l'intime et le dehors.

Recouvrir le Pont-Neuf d'un suaire, pour Christo, emballer, emmailloter un monument immuable, n'est-ce pas aussi provocation du regard pour réconcilier textile et architecture ? « Je révèle des proportions plus évidentes de cette construction ; mais cette toile est pareille à la peau, la matière textile donne à ce pont un aspect tactique, sensuel. »

Enfin, la dernière mode... En *1985,* celle des jeunes créateurs nous donne un sentiment de vertige, de saturation, d'irréalité. Acteurs et vecteurs d'une société atomisée, cosmopolite, les métissages culturels, les superpositions d'images, de sons, les amènent à afficher une mode kaléidoscope. Ils détournent tous les codes consacrés pour en faire des multicodes, qui finissent même par s'autoannuler.

Assiste-t-on à une stratégie fatale, selon J. Baudrillard, sans envie de séduire, exhibition sans illusion sur sa propre subjectivité, sur ses propres désirs, ou bien sont-ils, ces créateurs, signes d'une reconnaissance nouvelle, par des réseaux fluides, minoritaires, qui circulent avec d'autres rythmes, d'autres stimuli ?

Jusqu'à un passé récent, une mode réglée par les codes sociaux, donc figée, amenait nécessairement des ruptures, des condensations de renversements... autorisées à travers le déguisement du Carnaval, permettant seul d'affronter la différence. Les mythes mis en scène par ces charivaris conduisaient toute une série de désirs et d'interdits qui, nous l'avons vu, permettent la reconnaissance de soi. Cette libération de l'imaginaire, aujourd'hui plus spontanée, plus ludique (non codifiée dans le temps et la fonction), ne peut-elle amener une véritable création de l'inattendu ?

Si s'habiller aujourd'hui et demain ne relève plus d'un code social et même d'un code esthétique, la mode devrait s'exprimer plus en image de soi, avec les images que l'on porte en soi, laissant plus librement l'instinct les combiner, les mêler, en jouer. Il faut donc faire apparaître, non plus des panoplies dirigistes, avec des propositions coordonnées d'esthétique de tendances, mais des guides de l'imaginaire, permettant aux « non-initiés » des jeux, des renvois d'images, des associations, en affinité avec leur personnalité, leur intime.

LA MODE ENJEU

Si l'étymologie du mot mode nous rappelle qu'en latin c'est le « *modus* », la manière, et le verbe « *facere* » d'où vient *fashion,* avec tout ce que cela connote de fonctionnel et de précis ; le grec rattache le mot « mode » au « *cosmese* », lui donnant ainsi toute sa dimension cosmique.

Mais aucune définition de la mode ne réussira, dans cette dimension, à éliminer son mystère. Au-delà du discours commun sur la mode, le seul avantage d'une exploration des jeux de l'intime et de la mode des quarante dernières années est de permettre le constat de sa capacité à révéler les changements fondamentaux qui nous amènent à une modernité hybride... ce qu'est justement la mode elle-même ; prélude d'une postmodernité, où le « jeu » de l'intime restera premier, dans un contexte multiple, éclaté, remodelé, réinventé, mais encore insaisissable.

C'est la seule évidence que semble nous révéler l'intime de la mode aujourd'hui.

FRANÇOISE VINCENT-RICARD

Fondatrice de Promostyl. Auteur de *Raison et Passion. La mode 1940-1990* (Éd. Textile-Art-Langage, 1983).

1. S. Rykiel, Éditions Herscher, 1985.
2. *Marie-Claire,* 1966.
3. Roland Barthes, *Marie-Claire,* 1967.
4. Charles Reich, *Le Regain américain,* Éd. Laffont, 1970.
5. *East Meets West,* Éd. Heibouska, 1978.
6. S. Rykiel, Éditions Herscher.
7. Cressole, *Libération,* 1982.
8. *Textil Art,* n° 11, 1984.

VÉRONIQUE NAHOUM-GRAPPE

L'ODEUR DU NID

L'intimité offre plus qu'un espace particulier, elle offre un climat particulier : celui qui règne dans une corbeille entre les chatons et leur mère, celui qui baigne dans le mitan d'un lit les amoureux enfin endormis, celui qui se diffuse entre le poids d'une tête inclinée et l'épaule qui la supporte. L'animation au repos de la présence corporelle, à savoir son souffle rythmé et l'ensemble diffus de ses odeurs mêlées, enveloppe d'un air tiède et doux l'intimité du moment et du lieu. Cette dernière se mesure donc à l'intensité de l'atmosphère olfactive ainsi diffusée. Un temps caractéristique, un microclimat, règne sur les paysages serrés des divers espaces intimes, et en délimite les frontières. Au-delà, il y a le froid du dehors, en deçà, le sommeil.

Pour qu'il y ait intimité, le lieu ne suffit pas : le lit, le nid, le foyer, doit être « occupé ». L'espace intime est un espace plein, envahi de l'intérieur par sa propre odeur. Une nuit d'hiver, une étable où se reposent les vaches ; le banc public *(bis)* des amoureux un soir d'été ; le carton du clochard sur une bouche d'aération : autant d'espaces qui sont intimes lorsqu'ils sont habités. L'air que l'on y respire alors en définit les frontières mieux que des murs ou des portes. L'intimité du clochard est défendue par son odeur caractéristique : sa puanteur en délimite le territoire et en éloigne les intrus mieux que la maison en dur qu'il n'a pas. Laver un clochard est un acte hygiénique d'une part, et de vandalisme d'autre part, comme toute effraction de domicile. La puanteur défend l'espace intime : dernière stratégie possible lorsque cet espace est béant sur le trottoir.

En fait l'intimité se respire plus qu'elle ne se repère. Elle n'est pas faite pour des spectateurs visionnaires ou voyeurs. Ils finissent par y fermer les yeux eux aussi lorsqu'ils y sont nichés : l'intimité se sent, elle n'est pas seulement une image, *elle est la respiration commune des odeurs partagées.* Cet air diffusé à la surface de la peau, soufflé dans des ronrons euphoriques ou émis par des borborygmes digestifs, exquisément partagé ou lourdement chargé, est le signal spécifique du champ de l'intime en action. Ce climat de l'intime, qui implique le rapprochement des présences corporelles, se définit donc par l'échange des odeurs respectives, et son espace est limité par la diffusion de cette fusion olfactive. On peut y aspirer avec nostalgie, on peut y respirer au bord de l'asphyxie ; bonnes ou mauvaises odeurs de l'intimité qui quelquefois n'ont rien à voir avec les normes olfactives qui règnent dans l'espace public, dehors.

En effet, franchir les frontières de l'espace intime peut entraîner parfois un bouleversement des valeurs olfactives : les plus immondes d'entre elles à l'extérieur peuvent devenir exquises à l'intérieur. Au comble de la mixité intime par exemple, lorsqu'une mère change son nourrisson, lorsque les haleines se mélangent dans le baiser amoureux, lorsque au centre du premier cercle de l'intime, le sujet se respire lui-même au rythme de ses fonctions organiques, les odeurs les pires peuvent devenir les meilleures. L'effroyable aggression olfactive que peut constituer le corps de l'autre lorsqu'il déborde hors du cercle de son intimité, devient communion sacrée en son sein. L'espace sacré de l'intime où se partagent les odeurs fusionnées, transforme en fonction de ses lois propres les valeurs positives ou négatives qu'un consensus social dans une culture donnée leur attribue.

L'odeur de l'intime se respire en toute bonne foi par le sujet qui ferme alors les yeux, confiant : il souffle et se pardonne ce souffle en le respirant. Cette même odeur déclenchera sa gêne hargneuse lorsqu'il la respirera dehors, venant d'un autre. La mauvaise odeur est tyrannique, alors que la mauvaise vision peut se fuir, le temps de baisser les yeux. Comment s'arrêter de respirer ? La fuite, le vomissement, l'évanouissement sont autant de réponses pénibles et spectaculaires. On ne peut éviter la mauvaise odeur avec autant de discrétion et de tact que l'on élimine la laideur de son champ de vision. Une mauvaise odeur envahit l'espace de façon totalitaire, elle est une agression plus injurieuse que ne l'est un spectacle hideux. Si l'enfer est véritablement infernal, il est sans doute effroyablement puant. La mauvaise odeur du clochard est plus efficace pour obliger au détour que la laideur qu'il donne à voir. De plus la mauvaise odeur venue du corps d'autrui est une sorte d'obligation forcée à un commerce intime avec lui, une exhibition dont l'obscénité non visuelle pénètre par force. La gêne ulcérée du flaireur violé est plus archaïquement intime que ne l'est celle du voyeur scandalisé.

Pourtant l'impérialisme totalitaire de la mauvaise odeur n'a d'égal que la fragilité labile de la bonne odeur : la première pue l'intimité d'autrui de force, la seconde est déjà un souvenir poignant. La bonne odeur est fugace, elle ne produit son choc émotionnel et non verbal qu'à la première respiration. La deuxième est déjà assoupie ou nostalgique, et regrette alors le passé si bref de la bouffée odoriférante. La mauvaise odeur fait fuir, mais la bonne s'évanouit. La mauvaise odeur repousse hors de l'espace intime du puant le sujet flairant, mais la bonne odeur provoque chez lui une aspiration nostalgique à cette intimité, cette intimité qu'offre en la refusant le sillage d'un parfum exquis.

UN DÉSIR PLUS VÉGÉTARIEN QUE CARNIVORE

Un exemple de ce déni de l'intime par le parfum : notre culture attribue aux femmes comme signal olfactif de leur féminité celui des fleurs. Le parfum floral de l'épanouissement végétal laisse présumer une intimité jardinée, où la sève remplace le sang, et qui s'offre en pâture à un désir plus végétarien que carnivore. Toute odeur sentie est ressentie comme promesse (ou une menace) d'intimité. En privilégiant les parfums floraux, notre culture dévoile sa nostalgie pour une intimité particulière, celle d'un paradis végétal, d'avant la chute. La belle femme doit sentir la rose aussi dans son intimité, ce jardin paradisiaque d'où toute réalité organique est chassée.

L'odeur que diffuse une présence corporelle parfumée de façon délibérée entraîne donc dans un sillage d'images le flaireur nostalgique : un parfum identifie alors autant une personnalité, dont l'intensité se mesure à son originalité olfactive, qu'une culture à l'intérieur de laquelle il est ressenti comme bon. Lorsque l'accord se fait sur une bonne odeur, l'espace social s'offre comme un espace intime le temps d'une respiration.

Marqueur du goût social, le parfum distingue aussi dans une élection réciproque le/la parfumé/ée et le/la flaireur/se qui se reconnaissent dans une culture commune à leur groupe, milieu social, classe d'âge, origine géographique. Le marqueur olfactif est donc un démarqueur signalétique qui permet que se reconnaissent ceux qui n'ont pas fait connaissance encore : partager une même séduction olfactive est une promesse d'intimité partageable, même si cette dernière, devenue effective, renverse les normes olfactives florales en s'enivrant d'odeurs « mauvaises ».

D'autres cultures ont pu privilégier ces « mauvaises odeurs » dans leurs choix d'esthétique collective, mais la nôtre irait plutôt dans le sens d'une désodorisation du contexte olfactif organique. L'abandon par les hommes des parfums animaux depuis le XVIe siècle environ, l'évolution probable des seuils de proxémie dans le jeu des interactions sociales au cours des quatre derniers siècles (ne plus coucher dans un même lit avec des étrangers, avoir un verre à soi, des couverts à soi, des laboratoires privés d'hygiène et d'esthétique où sont travaillées les « présentations de soi », à savoir les salles de bains, coulisses de l'intime, etc.), sont entre autres paramètres complexes, autant d'indicateurs d'une mise à distance des corps olfactifs entre eux, bien lavés, et d'une plongée de l'espace intime au cœur d'une vie de plus en plus « privée ». Le cercle de l'intime se niche au creux de la sphère « privée », elle-même isolée et séparée de la vie « publique ». Double défense contre les odeurs de l'intimité. Cette dernière devra sentir la rose synthétique ou les pins comme dans les « lieux » ; et l'espace public, rue, places, salles collectives, ne permet plus l'irruption d'informations olfactives caractéristiques de l'intimité en action, organiques ou culinaires par exemple. L'intimité odoriférante est donc attaquée sur un double front : ses odeurs doivent ne pas déborder le cercle du privé, lui-même de plus en plus retranché. D'autre part, les odeurs « choisies », les « bonnes » odeurs, sont bienvenues dans les espaces conjugués de ce double cercle : le marché des désodorisants, corporels ou visant les lieux de l'intime en témoigne. L'histoire récente des fromages industriels, de moins en moins puants malgré leur reconstruction dite « à l'ancienne », celle des papiers ou tampons hygiéniques, de plus en plus parfumés aux fleurs de synthèse, sont autant d'exemples significatifs de cette évolution. Cela dit, le contexte olfactif social, tel qu'une culture le privilégie (ou qu'une technologie l'élimine, par exemple la circulation automobile dans les rues des villes modernes), ne permet pas de porter un diagnostic sur le rôle effectif de l'olfaction dans les interactions individuelles au sein du cercle de l'intimité.

L'ODEUR DU MÉTRO PARISIEN

Rien ne permet de supposer que les signaux d'alarme ou de séduction olfactifs, en général non verbaux et à peine conscients, jouent un rôle moindre dans tel ou tel espace social par rapport à tel autre. Les sphères intimes gardent leurs secrets olfactifs, d'autant plus efficaces peut-être, qu'ils sont clivés des choix collectifs. Mais le contexte culturel, la scène sociale qui offre aux circulations diverses son décor dans nos rues contemporaines, dans les couloirs de nos métros, peuvent être « sentis » : ces espaces en général n'ont pas d'odeur, ou plutôt l'odeur n'y joue pas de rôle informatif valorisé. Ni bonnes ni mauvaises, les odeurs peuvent meubler et remplir un lieu social donné et donc en enrichir l'identité. Ici, elles ne jouent leur rôle informatif d'une part, et identificateur d'autre part, que d'une façon masquée et comme une irruption, au sein de ce décor public, d'une intimité bouleversante : l'odeur du métro parisien, par exemple, nous enveloppe de l'identité *intime* de cette capitale.

Une dernière image de l'intimité : celle qu'offrent à la vue les images, images multipliées et vecteur dominant de communication dans notre société. Images sur tous les murs, écrans, pages, qui dressent leurs surfaces planes sans cesse sous nos yeux. Elles proposent souvent des espaces intimes, lits, nids, visages en gros plan, grains de peau sous notre nez. Quels que soient les degrés et les formes d'intimité ainsi offerts, il s'agit toujours d'un leurre, d'une intimité paradoxale qui, en se dévoilant, se perd. En effet, un visage en gros plan sur un écran, qui nous parle ses yeux dans nos yeux, une scène d'intime activité sexuelle vue du mitan du lit, une confidence encore plus intime sur cet oreiller, bref toutes ces scènes d'intimité que nous sommes appelés à voir les yeux grands ouverts, ne sont pas *intimes* pour « nous ». « Nous », un nombre *n* d'intimes anonymes, venus en foule dans le mitan de ce lit, venus *voir.* Les chevaux du roi ne faisaient qu'y boire. Tous ces yeux fixés sur cet espace intime en activité ne la perçoivent pas. Cette intimité ne se perçoit en fait qu'avec la fusion/diffusion de son climat olfactif, climat perdu pour l'intime-anonyme voyeur. Une perception visuelle, dépourvue de son contexte tactile et olfactif, dévore une intimité en image qui se découvre à l'infini, et se refuse d'autant.

Le voir doit être perturbé et bouleversé par le sentir et le toucher pour que l'intimité donne ce qui l'identifie : un climat plus qu'un lieu, un moment plus qu'un espace, une respiration partagée plus qu'un spectacle dévisagé. L'intimité en image est vue avec la perversion froide ou excitée du voyeur intime et extérieur : lui reste dans la salle noire du cinéma, dont il respire les mauvais désodorisants qui ne suppléent pas à l'absence d'air. Ces images d'intimité se multiplient sur les écrans : ce grain de peau comme la surface d'une planète lointaine et trop rapprochée, ce souffle sans air dans nos narines que nous envoient ces visages dominants, sur l'écran, et séparés de nous par ce même écran, dévoilent de l'intime sous tous ses angles de vision, dilaté dans un vide asphyxiant. L'intime démesuré boulimiquement aspiré par le voir collectif, l'intime sans odeurs, sans tout le support non verbal et non visuel qui le caractérise. L'intimité est d'autant moins perçue telle qu'elle est, qu'elle est le point de mire des regards collectifs, conjugués dans une caméra. L'intimité en images est autre chose que l'intimité en activité, la multiplication de la première n'apporte aucune information sur la seconde. Mais la dévisager sur des écrans divers est l'occasion d'un exercice particulier : celui de projeter à l'horizon, sur cet horizon plan situé au fond de cette salle noire, les gestes et les pratiques de l'intimité, exposée alors dans une étrangeté asphyxiée, lunaire ; l'agrandissement sans mesure à cette intimité-là terrasse le voyeur médusé, et le réduit à un point microscopique, infiniment seul sur un fauteuil qui sent la poussière.

VÉRONIQUE NAHOUM-GRAPPE

Historienne EHESS. Thèse de doctorat sur « Beauté, laideur, l'esthétique du corps en question, France, XVIe-XVIIIe siècles. »

LE SOMMEIL PARTAGÉ

Il voulait veiller sur elle, la protéger, se réjouir de sa présence, mais il n'éprouvait nul besoin de changer sa façon de vivre. Aussi ne voulait-il pas que l'on pût savoir qu'elle dormait chez lui. Le sommeil partagé était *le corps du délit de l'amour.*

Avec les autres femmes, il ne dormait jamais. Quand il allait les voir chez elles, c'était facile, il pouvait partir quand il le voulait. C'était plus délicat quand elles venaient chez lui et qu'il devait leur expliquer qu'il les raccompagnerait chez elles après minuit car il souffrait d'insomnie et ne parvenait pas à s'endormir au voisinage d'autrui. Ce n'était pas loin de la vérité, mais la raison principale était moins noble qu'il n'osait l'avouer à ses compagnes : dans l'instant qui suivait l'amour, il éprouvait un insurmontable désir de rester seul. Il lui était désagréable de se réveiller en pleine nuit à côté d'un être étranger : le lever matinal du couple lui répugnait ; il n'avait pas envie qu'on l'entendît se brosser les dents dans la salle de bains et l'intimité du petit déjeuner à deux ne lui disait rien.

Aussi quelle n'avait pas été sa surprise quand il s'était réveillé et que Tereza le tenait fermement par la main. Il la regardait et il avait peine à comprendre ce qui lui était arrivé. Il évoquait les heures qui venaient de s'écouler et il croyait y respirer le parfum d'un bonheur inconnu. Tous deux se réjouissaient d'avance du sommeil partagé. Je serais presque tenté de dire que, pour eux, le but de l'acte sexuel n'était pas la volupté mais le sommeil qui lui succédait.

Thomas se disait : coucher avec une femme et dormir avec elle, voilà deux passions non seulement différentes mais presque contradictoires. L'amour ne se manifeste pas par le désir de faire l'amour (ce désir s'applique à une innombrable multitude de femmes) mais par le désir du sommeil partagé (ce désir ne concerne qu'une seule femme).

MILAN KUNDERA

Écrivain.

Extrait de *L'Insoutenable Légèreté de l'Être* (Gallimard).

INSOUTENABLE LÉGÈRETÉ, PESANTEUR CHÉRIE

entretien avec
ALAIN FINKIELKRAUT
Philosophe. *La Sagesse de l'amour*, Gallimard, 1984.

QUELLE EST LA PLACE ET LA FONCTION DE L'INTIMITÉ DANS LA RELATION AMOUREUSE ? SI LE SOMMEIL PARTAGÉ EN EST LE LIEU PRIVILÉGIÉ, COMME LE SUGGÈRE LE TEXTE PRÉCÉDENT, L'ÉROTISME EN SERAIT-IL DÉNUÉ ?

À TRAVERS SA CRÉATION LITTÉRAIRE, MILAN KUNDERA POSE LA QUESTION QUI NOUS HABITE : L'INTIMITÉ DU COUPLE CONDUIT-ELLE FATALEMENT À UNE DISSOLUTION DE LA RELATION ÉROTIQUE ? ALAIN FINKIELKRAUT, PROCHE DE KUNDERA ET DE SON ŒUVRE, LIVRE SES RÉFLEXIONS PERSONNELLES, ET COMMENTE *L'INSOUTENABLE LÉGÈRETÉ DE L'ÊTRE.*

L'Insoutenable Légèreté de l'Être n'est ni un essai ni une autobiographie. Il ne s'agit pas de la conception qu'a Kundera de l'amour ni de sa façon d'être amoureux, du moins nous n'en savons rien.

Il est question d'un personnage, Thomas, et à travers lui de la rencontre entre deux grands mythes de l'Occident : le mythe de Tristan, l'amoureux absolu, l'amoureux transi, l'amoureux d'une seule femme, et le mythe de Don Juan. La réussite de Kundera, c'est d'avoir montré qu'il y avait des êtres, des possibilités humaines, où ces grands mythes, semble-t-il incompatibles, pouvaient se rencontrer. Cette possibilité humaine fondamentale est incarnée dans le personnage de Thomas à la fois amoureux transi et conquérant.

Cet homme est lié dans l'intimité par une espèce de fidélité absolue à une seule femme, mais c'est un homme dont la sexualité, l'appétit du monde exigent des conquêtes constantes.

Thomas est à la fois romantique et libertin ; coexistence difficile puisqu'il voudrait se donner complètement à cet amour, et que ce qu'il appelle lui-même la bêtise de la sexualité le contraint aux aventures perpétuelles, et donc à faire souffrir la femme dont précisément son amour consiste à épouser les souffrances. Son amour est un amour de compassion, conçue non au sens d'une pitié condescendante, mais au sens d'une identification : il éprouve avec elle toutes les douleurs qu'elle ressent, même — et c'est le paradoxe tragicomique de son amour — celles qu'il lui inflige par son libertinage. Il n'y a pas d'amour sans souffrance, mais ce type de souffrance est assez peu exploré dans les réflexions sur l'amour, parce que nous sommes obsédés par la seule douleur de la passion : la jalousie, l'impuissance, le dessaisissement ; on est dépossédé de l'autre et on veut le reconquérir sans cesse ; souffrance violente et sans tendresse.

Julien Benda écrit quelque part : « Phèdre n'a pas l'ombre de tendresse pour Hippolyte. S'il est malade, elle ne lui fera pas de tasse de thé. C'est la vraie amoureuse. » A l'opposé de Phèdre, Thomas fait (métaphoriquement) des tasses de thé à Tereza, il souffre avec elle pour elle. Cette compassion, liée à la naissance même de leur amour, s'approfondit par les infidélités qu'il commet. Plus il la trompe, plus s'intensifie sa compassion amoureuse.

Thomas peut faire l'amour avec « d'innombrables multitudes de femmes », mais il ne peut partager son sommeil avec aucune autre femme. C'est en cela qu'au fond il est extraordinairement fidèle. Il pratique une sorte de déplacement des critères de la fidélité. Ce n'est plus une fidélité d'ordre sexuel, c'est une fidélité d'ordre intime. Polygame échevelé, Thomas démontre en même temps qu'il existe une autre monogamie que la monogamie sexuelle (sur laquelle notre civilisation est édifiée) : la monogamie de l'intimité, du sommeil partagé. Il ne peut dormir avec d'autres femmes ; en cela il reste un amoureux transi, un Tristan, et constamment il rend hommage à Tereza même quand il la trompe.

Il est très intéressant que Kundera fasse du sommeil partagé le symbole de l'intimité. C'est peut-être dans ce moment-là que l'antinomie du désir et de l'intimité se fait jour. Il est possible, et tout le monde l'a vécu, qu'une fois le désir satisfait, on ne veuille pas dormir avec l'autre, parce qu'il s'agit d'un plaisir d'un tout autre ordre, parfois même contradictoire. Dans le désir il y a un élément de violence, alors que dans le sommeil partagé il n'y a que de la paix.

Il existe plusieurs méditations sur le sommeil dans la littérature. On pense évidemment à Proust ; il s'agit chez lui d'une exploration plus classique, très belle, sur les ravages de la passion. Le sommeil de l'être aimé est cette halte, cette pause merveilleuse, ce moment de répit où l'on peut prendre possession de son visage. Ses yeux se ferment, son visage s'immobilise ; il n'y a plus de décalage entre l'image de l'autre et son visage : le visage se repose dans son image.

Dans *L'Insoutenable Légèreté de l'Être*, on sent une sorte d'incompatibilité entre la volupté et l'intimité du sommeil, et nous dépassons là le cadre du roman. Il est très difficile de vivre simultanément l'intimité et la sexualité. L'intimité tue la sexualité car elle instaure une relation fondée sur la fraternité. L'évolution presque fatale de beaucoup de relations amoureuses, c'est l'évolution incestueuse. On passe de la passion à l'inceste, au rapport frère-sœur, à la gémellité même. On partage le sommeil mais on n'a plus de sexualité. Infiniment désirable, le bonheur de l'intimité a en même temps quelque chose de terrible qui, à juste titre, fait peur aux êtres.

Kundera a raison, il n'y a pas de sexualité sans violence, et il y a violence lorsque, fantasmatiquement au moins, l'on veut *forcer* l'autre ; on ne veut plus forcer l'autre quand l'intimité est acquise puisque c'est déjà fait.

Cette rencontre dont nous parlions entre Tristan et Don Juan n'est donc pas une cohabitation harmonieuse, mais elle existe, elle est possible. Lorsque Thomas multiplie les aventures érotiques à la recherche du « millionième de dissemblable », il s'agit d'une réflexion sur le libertinage qui corrige l'idée que l'on s'en fait traditionnellement : on pense que c'est la recherche éperdue des belles femmes. Mais les vrais libertins ont une liberté extraordinaire à l'égard de la beauté. La beauté intéresse les « frimeurs », pas les libertins. Les dragueurs n'aiment pas tant les femmes que d'être vus avec elles. Le libertin s'intéresse moins à l'image qu'il produit. Sa curiosité du monde l'emporte sur le narcissisme. Il est animé par cette formidable curiosité dont la femme est le truchement. Le Thomas libertin veut capturer la différence pure à travers l'aventure érotique.

Il y a dans l'érotisme une légèreté, une ivresse, c'est « la champagnearia » de Don Juan. L'érotisme pétille, c'est l'apothéose de la légèreté. L'intimité serait plutôt du côté de la pesanteur. Mais attention, dans l'œuvre de Kundera la pesanteur n'est pas toujours affectée d'un coefficient négatif ; c'est ce qui pèse, mais parfois c'est une pesanteur chérie. La légèreté peut être insoutenable et la pesanteur désirable. Ce que l'on appelle l'intimité, c'est la paix entre deux êtres à l'abri du regard public, or à l'abri de ce regard se déroule aussi la petite guerre de l'érotisme. *Comment vivre à la fois dans la paix et dans la guerre avec le même être ?* Quand on n'est pas Thomas qui établit une coupure entre son intimité et sa sexualité, on se pose la question à propos de la même personne que l'on investit d'exigences absolument contradictoires.

propos recueillis par
NICOLE CZECHOWSKI

THIERRY GRILLET

LE MOURANT EST UN VIVANT

« *Mehr Licht.* » Goethe, dernières paroles.

« Yvonne, c'était une vieille dame. Atteinte d'un cancer des os, elle était calmée par une potion de morphine donnée toutes les quatre heures. Un soir, où elle se traînait à son lit, elle est tombée. Je l'ai ramassée, prise dans mes bras, je l'ai allongée doucement. Elle respirait peu. Elle était là, tout contre moi et j'étais là tout contre elle. Sa main serrait la mienne et mon bras l'entourait comme pour la protéger. Elle ne souffrait pas. Elle voulait que je reste auprès d'elle. Je me retrouvais là, allongée sur ce lit tout contre cette vieille dame, qui venait de passer de la vie à l'instant de mort. Cet accompagnement, cette communion, cette fusion quelque part de ce vieux corps mort et de moi-même reste toujours vivant ! »

Ce court récit est celui d'une infirmière. La mort y est racontée et saisie dans une sorte de litanie, qui rappelle et ramène toujours à la proximité de soi à l'autre. Les deux femmes sont « tout contre ». Et dans cet entre-deux, pas de place pour la mort. A bien lire le témoignage de cette infirmière, on constate que la mort est l'objet d'une ellipse : « Elle venait de passer », mais elle ne « passe » pas. Avant la mort et après, rien n'a vraiment changé : elles restent allongées l'une contre l'autre, sans que l'événement ait pu briser la proximité dans laquelle elles se trouvaient.

On peut être surpris par le terme qu'emploie l'infirmière pour désigner sa tâche : « accompagnement ». Il y a quelque chose d'euphémistique dans ce mot, comparable en cela aux verbes qui désignent la mort sans la nommer, comme « partir », « passer »...

Mais l'accompagnement n'est pas le fait d'une pudeur verbale. Le terme désigne une pratique clinique. Là où la médecine se révèle inefficace comme gestion de la vie, là commence l'autre tâche, la gestion, ou plutôt le soin de la mort.

Outre les grands malades incurables, ces techniques d'accompagnement (souvent connues sous le terme de *nursing*) concernent les grands vieillards, c'est-à-dire ceux qui sont en phase terminale. La France est un pays qui vieillit et le poids de la mort va grandissant. Aussi sommes-nous dans une période de transformation des mentalités.

Néanmoins, à son insu, l'infirmière a retrouvé la pose particulière qu'on peut observer dans les Piéta. Il ne s'agit pas bien entendu de relever cette « coïncidence » pour le plaisir de l'anecdote. L'intérêt de cet épisode est qu'il prolonge et reprend, de façon troublante, une scène fondatrice. Dans notre conscience judéo-chrétienne, il fait partie des scènes qui ont été transformées en emblème. L'accompagnement plonge loin dans notre conscience, dans notre histoire. La Piéta est l'accompagnement de celui qui meurt, mais élevé à la puissance de l'épure.

LA MORT, DEVENUE ABSTRAITE

Aussi s'agit-il d'être attentif au sens de ce qui est devenu un signe. Que signifie un tel accompagnement ? La mort vient, en quelque sorte « nicher » dans la vie. Tendresse, abandon de l'âme à son destin et d'un corps à un autre corps.

De plus cette scène, en ce qu'elle témoigne de confiance partagée, est une scène d'intimité. Surprenante dans un lieu, l'hôpital, dont il est convenu de dénoncer l'impersonnalité. L'hôpital en effet, en ce qu'il implique comme médicalisation de la mort dérobe, confisque au mourant sa propre mort. Au Moyen Age, le mourant « sent sa mort venir ». Cette connaissance intime qui détermine la mort de soi, n'existe plus. La mort est devenue abstraite : un encéphalogramme plat, un appareil de ventilation respiratoire qui s'arrête. Bref, on « mesure » la mort, la mort de l'autre.

Et pourtant, quoi de plus intime que la mort ? Mourir, c'est passer de moi qui vis à moi qui meurs, à moi qui suis mort, et ainsi engager le rapport le plus critique de soi à soi.

Aussi, comme l'écrit Patrick Verspieren, qui enseigne l'éthique biomédicale au centre Sèvres : « L'acte de mourir peut être pour certains hommes — pourquoi le refuser *a priori* —, le geste le plus signifiant de leur vie, la dernière parole et la plus pleine de sens adressée aux autres[1]. »

Or pour revenir au témoignage de cette infirmière, il contribue à transformer, à révoquer le soupçon qui pèse sur l'hôpital, clinique de la mort. En effet, les malades pour lesquels la médecine a abandonné tout espoir font l'objet d'une réflexion clinique élaborée. Cela participe aussi d'un état d'esprit qui souligne l'extension de la tâche médicale à la mort, et par conséquent à ce qu'elle a souvent vécu comme le signe de son impuissance.

Pour résumer le principe sur lequel s'articule cette réflexion, Patrick Verspieren tient un discours en forme de paradoxe : « Le mourant est un vivant. » C'est-à-dire qu'il n'y a pas que la mort. Pour lui, comme pour son entourage, il s'agit de faire accepter la situation, mais en prenant soin de ne pas enfermer le patient dans le rôle de mourant.

Aussi, « face à celui qui meurt », il faut changer les comportements, les perceptions.

Or, pour Patrick Verspieren : « Ce qu'il y a à regretter, c'est ce mur de silence, cette interdiction d'exprimer ses sentiments, la conscience qu'on a de sa mort. Parce que cette parole fait peur, il est très difficile pour celui qui meurt de parler de sa propre mort. Parce que, aussi et surtout, elle se heurte au véritable barrage qu'opposent les familles ou les soignants. A celui qui meurt et qui s'obstine à parler de sa mort, on répond : « Vous n'avez pas le droit de dire cela. » Et il faut entendre cela en rigueur de terme. »

Cette double censure rend ce temps du « mourir » à la fois critique et paradoxal. Paradoxe de l'instant le plus intime, qu'il est impossible ainsi de partager avec les intimes. Pour les préserver ! Parce qu'en un sens la mort de l'autre, c'est un peu la mort de soi, sa préfiguration et son oracle.

DIRE LA MORT, UNE FAUTE DE GOÛT

Censure aussi d'un acte qui devient indécent à force d'être inavouable. Une faute de goût... Pire, une agression, souvent vécue comme telle par l'entourage de celui qui meurt. Élisabeth Kubler-Ross, dans *Rencontre avec les mourants,* témoigne des réactions d'infirmières lorsqu'on leur confie un malade en phase terminale : « Elles répondent par des phrases apparemment pleines de cœur, mais qui ne viennent que de la tête et ne sont pas vraiment sincères. Nous les exhortons à plus de franchise, en leur disant que leurs sentiments devant la mort ne sont ni bons ni mauvais. Alors une infirmière déclare : "J'espère qu'elle ne mourra pas pendant que je suis en service. Si elle meurt cinq minutes après, ça va." Il faut comprendre cette réaction, comprendre combien elle est naturelle, tenter de ne pas juger ce genre de réponse, mais tenter de comprendre plutôt pourquoi nous éprouvons tous de pareils sentiments. »

Le malade s'entend répéter qu'il « n'a pas le droit de dire ça » (c'est-à-dire qu'il va mourir). L'entourage ne veut pas en entendre parler, pour préserver « le moral du patient ». Bref, la contrainte est telle qu'elle figure une véritable mort sociale. Le malade est exclu de tout échange ayant quelque portée. Anathémisé. Toute conversation vraie devient impossible. Celui qui meurt est déjà mort pour ceux qui lui étaient proches. Ce n'est plus le mari, le frère, l'ami. Mais un être dans les « limbes », déjà satellisé.

Pourtant les malades ont « une conscience plus ou moins claire de la mort ». Ou plutôt la maladie grave se constitue à terme en conscience de la mort possible.

Comment, donc, vivre avec cette conscience sans désirer d'une façon ou d'une autre la conjurer ? Comment « connaître sa mort » et s'empêcher de la formuler ?

Dans cette situation en forme d'impasse, Élisabeth Kubler-Ross répète que « chaque rencontre avec un malade nous regonfle, car chacun d'eux nous persuade que parler est bien. Les gens peuvent et souvent souhaitent parler de leur mort. Une telle conversation n'est pas si terrifiante que cela mais peut être une expérience magnifique ».

Encore que cela ne soit possible que dans l'exacte mesure d'une langue symbolique, d'un verbe oblique qu'il faut mettre un soin infini pour déchiffrer.

E. Kubler-Ross rappelle l'exemple de cette fillette de huit ans « qui se mourait dans un hôpital de Chicago. Elle était sous une tente à oxygène et tard dans la nuit elle appela l'infirmière. Une jeune infirmière répondit à l'appel et vint lui demander ce qu'elle voulait. La petite fille la regarda et lui dit : "Qu'est-ce qui se passera si pendant que je suis sous cette tente à oxygène éclate un incendie ?..." L'enfant parlait et énonçait la peur de la mort comme celle d'une force catastrophique contre laquelle nous ne pouvons rien. Une surveillante plus expérimentée vint trouver l'enfant. L'enfant se mit à pleurer et dit sans détour : "Je sais que je vais mourir bientôt et j'ai besoin d'en parler." Elles parlèrent de cette mort prochaine environ une heure, au cœur de la nuit, et l'enfant se sentit bien mieux et put mourir paisiblement. »

On a constaté que l'expression, dans ces moments, prenait assez régulièrement ce tour symbolique. Comme l'explique P. Verspieren : « Les choses les plus importantes s'expriment sous forme symbolique, c'est-à-dire dans un langage adapté à l'expression des sentiments forts et jugés essentiels. »

La richesse de cette gamme d'expressions est telle qu'elle permet pour les malades d'en parler et de « protéger celui qui est à leurs côtés. D'autres ne le disent pas comme cela. Il s'agit pour eux de protéger, d'épargner par crainte du médecin. Le médecin est l'homme qui tient un pouvoir sur la vie et sur la mort. Aussi convient-il de ne pas le blesser ! ».

L'intime et la mort entretiennent ainsi des rapports problématiques à bien des égards. Peut-être, en guise de conclusion, pourrait-on insister sur le langage de l'intime au moment de la mort, intime qui vient en quelque sorte se dévoiler comme un autre soi-même. Ainsi Maurras, au moment de sa mort, à demi sourd, comme une illustration de cette rencontre de soi avec soi, de cette poussée de l'intime, eut ce mot : « J'entends quelqu'un venir. »

THIERRY GRILLET
Journaliste

1. ***Face à celui qui meurt*** **(Desclée de Brouwer).**

Années 80 : retour aux valeurs intimes.

L'intime est sur la place publique et son guide à portée de la main. Les médias nous abreuvent de conseils et recettes destinés à une bonne « gestion » de notre vie intime : corps, maison, amour, souffrance, rien n'est laissé au hasard. Le « moi je » fascine, attire, et se vend bien.

Est-il vraiment question d'intime dans ce jeu médiatique et idéologique ?

Le contraire de l'intime, c'est le publicitaire, dit Jean Baudrillard ; recherchons entre le secret absolu et l'exhibition comment l'exprimer sans le dénaturer, et piégeons-le lorsqu'il est réduit à une obscène mascarade. Aucun esprit de croisade entre ces lignes : nos armes sont le clin d'œil et la dérision.

4

L'INTIME SPECTACLE

BERNARD CATHELAT

REPLI FRILEUX

Les cultures méditerranéennes, dont nous sommes les héritiers depuis l'Antiquité, ont toujours partagé le monde entre le privé et le public. Leur architecture comme leurs costumes et mœurs font de la vie intime un secret jalousement gardé derrière des murailles opaques : corps dissimulé pudiquement et visage voilé, patio-refuge de la vie de famille au-delà de murs aveugles, secret médical et de l'instruction judiciaire, protection légale de la vie privée, fredaines officieuses des quartiers réservés, « maisons closes » et richesse discrète cachées derrière le secret de la confession et la stricte respectabilité bourgeoise empesée.

La culture anglo-saxonne nord-américaine, dont nous sommes plus récemment les héritiers aussi, affirme comme principe premier la transparence de la vie privée : nulle barrière pour séparer la rue du home et le voisin de pelouse de la pelouse du voisin, cancer présidentiel public, mythe du « flic privé » fouille-secrets, revenus et richesses affichés ostensiblement, et culte du journalisme inquisiteur.

L'Amérique poursuit la normalisation impérative des individus jusqu'au cœur de leur territoire ; les Latins protègent leur individualité en soustrayant le vivant (plaisir, douleur, sexe, cœur) à la collectivité-prédateur.

L'intime méditerranéen est privatif : il offre la sécurité du jardin secret ; on y recherche l'autonomie transgressive. L'intime anglo-saxon est relationnel et public : il apporte la sécurité d'un théâtre social-code ; on y recherche l'intégration stéréotypée. Mais les deux mettent en scène une relation dynamique entre individu et collectivité, génératrice d'énergie.

C'est une nouvelle vie intime que nous expérimentons, dans les styles de vie des sociétés industrielles depuis quelques années, sous le double impact d'une décadence culturelle par carence de valeurs/projets (et ce depuis 1968) et de la crise économico-sociale plus récente.

L'intimité, partie essentielle de soi, capital privé, énergie individuelle, n'est plus jalousement thésaurisée contre la société, comme chez les Latins, ni offerte à la société en gage d'intégration : elle est retirée de la dialectique individu/société, elle n'est plus monnaie d'échange dans l'assimilation culturelle ; l'intimité est devenue simulacre : spectacle symbolique épargnant aux personnes l'implication sociale, le risque de se dévoiler pour entreprendre et le danger d'étouffer à trop s'épargner.

L'INTIMITÉ-NICHE : SIMULACRE D'EXISTENCE

Depuis les années 1974 s'est développé en France, comme dans tous les pays occidentaux industrialisés, un fort courant de « recentrage ». Cette mentalité recentrée est motivée par une résistance passive aux déstabilisations multiples de l'innovation, de la crise, de l'espace mondial, par l'installation dans un équilibre stable, sans conflit, sans aventure, sans risque...

Depuis 1982, ce recentrage devient de plus en plus « rigoriste », à la recherche d'un enracinement plus ferme de cette harmonie dans les valeurs ancestrales et tribales.

Une nouvelle intimité-niche est née de la culture dominante de recentrage, pour symboliser contre la crise le confort, la stabilité, la pérennité, la paix et finalement la survie :

— intimité familiale, redécouverte prestigieuse dans la publicité... mais au détriment de l'activisme social ;

— intimité micro-sociale, associative, régionaliste du « entre-soi » tribal, favorisant le particularisme mimétique... mais aussi l'isolationnisme et le ghetto culturel, contre le métissage ;

— intimité relationnelle du « madame, mademoiselle, monsieur » qui remplaça dès 74 le civique « Françaises, Français » en politique ;

— intimité médiatique de magazines-miroirs *(Prima, 20 Ans, Cosmo)* et intimité commerciale de produits-images de plus en plus ciblés sur des styles de vie spécifiques, pour les refléter plutôt que les stimuler ;

— intimité nationaliste du cocorico sportif ou industriel qui salue le « on est les meilleurs »... jusqu'au chauvinisme ;

— intimité patriotique renaissante... mais génératrice de xénophobie et racisme, car l'intime partage peu : les miens d'abord, « les Français d'abord » si le gâteau rétrécit ;

— intimité « rétro » de la Mère Denis, du style rustique ou intimités « exo » des folklores, mais toujours refuge en stéréotype.

Cette intimité-niche nouvelle est un simulacre : par peur d'être rejeté de la collectivité par excès de personnalité secrète, par peur d'être dévoué jusqu'à l'anonymat par excès de transparence, l'individu abdique sa véritable intimité privée personnelle pour adopter les signes d'une normalisation tribale.

Cette intimité-nid nouvelle est passive : elle manifeste la crainte de tout mouvement et de tout confort : peur du conflit de pouvoir entre les personnes comme entre l'individu et la société.

Cette intimité-cocon est un non-lieu : la peur de se perdre dans l'anonymat de l'agora sociale, et la peur de se retrouver seul au fond d'un ermitage trop caché, engendrent ce tribalisme micro-social qui n'existe ni économiquement ni en réalité culturelle.

La célébration de l'intimité depuis dix ans est une incantation hypnotique destinée à nous réunir dans la contemplation rassurante d'un équilibre idéal virtuel, pur simulacre, hors de la dialectique sociale.

Et c'est contre ce simulacre d'une niche d'intimité figée neutralisée, improductive, contre cette image d'Épinal du microgroupe protecteur patriarcal conformiste que se sont exprimées les marginalités socio-culturelles : exhibitionnisme de l'angoisse et de l'autodestruction des punks, mauvais goût coluchien et provocations gainsbaroïdes, esprit *Harakiri* et griffes de Reiser...

La société ne réconciliera pas ces débranchés avec le système en leur offrant ce simulacre d'existence. Avec eux on retrouve que l'intimité est une valeur de personnalité inaliénable, subversive des normes sociales, transgressive : une bombe culturelle terroriste, si elle n'accepte pas de s'investir en énergie entreprenante et combative sur des objectifs sociaux de sublimation.

L'INTIMITÉ TRIBALE : SIMULACRE DE PARTICIPATION

Cette mentalité dominante de recentrage se voit confrontée à un monde trop vaste où des mécanismes technocratiques abstraits échouent à gérer trop de différences, sans trouver de réponses à la crise : faire don de son être intime à ce macrosystème mécanique ne motive plus : d'où le déclin des institutions étatiques et des idéologies.

Ces styles de vie se voient aussi confrontés à l'impuissance de l'individu devant une crise de système qui le dépasse. Leur tendance est alors de se replier vers des structures microsociales de pragmatisme quotidien, à la taille du mode de vie : les entreprises jouent ce rôle privilégié de « nouvelles tribus » de l'ère industrielle.

On avait oublié ou maudit le bon vieux paternalisme d'antan, son esprit maison, sa fidélité larme-à-l'œil de remise de médailles, son patronat de droit divin et ses patronages de préparation prolétaire... La mode était, durant les années fastes de l'expansion, à l'intimité absolue de la profession libérale ou à l'absolue transparence du salarié, toujours contrat financier froid et négocié. Et voilà que l'on redécouvre les vertus orientales du projet d'entreprise, des cercles de qualité, de la grève active, des femmes au foyer, du contrat à vie, de l'obéissance religieuse et du fanatisme de marque. Le modèle japonais fascine l'Amérique et bientôt l'Europe : l'entreprise est une grande famille où chacun fond sa personnalité dans un plus grand tout et sacrifie son intimité personnelle pour gagner une intimité tribale plus rassurante encore.

La renaissance de la culture d'entreprise est actuellement le courant dominant des milieux dirigeants, lorsqu'ils ne sont pas totalement enfermés dans les systèmes D de survie quotidienne. On y voit la collectivité de travail comme le lieu privilégié d'investissement de l'énergie des individus (et non la politique ou le loisir ou la famille...) soudés par une idéologie, une éthique, une mythologie, des rituels.

La tribu-entreprise redevient la super-niche protectrice, conviviale, communautaire, l'hyper-cocon d'équilibre hors crise, au moment même où s'effondrent les syndicats et l'État-providence.

C'est contre ce modèle d'entreprise-secte, à tendance religieuse ou militaire, que se marginalisent de nouveaux types de travailleurs qui tous veulent protéger leur intimité contre l'usine-régiment : les styles de vie « décalés » et « égocentrés » recherchent l'intérim, le free-lance, les remplacements et les petits boulots, les stages répétitifs, le temps partiel et les horaires variables, la mobilité ; ils se voient travailleurs indépendants, micro-PME de copains, petits commerçants ou artisans, francs-tireurs de l'économie.

La société économique en crise de productivité et d'agressivité concurrentielle n'attrapera pas ces énergies-là (39 % des Français, 65 % des jeunes) au miel de l'intimité tribale japonisante. Avec eux on découvre que l'intime identité vraie est une énergie à investir et qu'une large partie des jeunes aujourd'hui sont prêts à la louer dans un système de branchement contractuel, mais non à l'abandonner dans une tribu fusionnelle à vie.

L'INTIMITÉ-SPECTACLE : SIMULACRE D'INTÉGRATION

L'intimité-moi tend au stéréotype publicitaire du foyer heureux bien de chez nous, cocon inaltérable au temps et niche étanche à tout orage. L'intimité-acte est appelée vers la super-niche de l'entreprise tribale à intimité partagée. L'intimité-nous, enracinement dans une culture fédératrice, tend vers la consommation d'intimité-spectacle.

Le marché de l'intimité se porte bien. Tant d'intimités personnelles perdues dans des intimités collectives tribales ou stéréotypées dans la niche privative, appellent un besoin « d'être-plus ». C'est au supermarché des intimités que s'alimentent :

— l'intimité du confessionnal médiatique, de Ménie Grégoire à Psy Show ;

— l'intimité partagée des mémoires de stars et politiques, aux vitrines des libraires ;

— l'intimité projective des amours et larmes, naissances et deuils des familles royales jusqu'à leur substitut moderne, stars du « show » ou du « biz », comme de la politique ;

— l'intimité panoplie des styles de vie de l'imagerie publicitaire ;

— l'intimité du ton subjectif du nouveau journalisme ;

— l'intimité électronique des messageries de Minitel et de la sexualité téléphonique ;

— l'intimité anatomique des étalages de sexe dans le porno sur papier glacé des magazines pour hommes ;

— l'intimité fantasmatique de la presse de lectures-expériences sexuelles.

Pulsions érotiques, besoin d'affirmation sociale, motivations de branchement relationnel peuvent s'accomplir symboliquement, sans quitter la niche douillette du foyer, par la vertu médiatique, en consommation de leaders exemplaires ou de simulacres de relations.

Mais dans cette participation magique se bâtit plus une culture des images qu'une civilisation des actes et des choses : le contact entre les individus et les modèles culturels est de plus en plus médiatisé, abstrait, d'une intimité électronique ou photographique.

L'INTIMITÉ-DISTANCE

C'est dans le culte du corps que paraît culminer la tendance à l'ouverture des portes du registre de vie privée :

— intimité-dévoilement du corps dénudé, des transparences aux seins nus des plages, jusqu'aux anatomies *hard* de la « photo d'art » ;

— intimité-exhibition du culturisme et de l'aérobic ;

— intimité-gros plan du cinéma ramboesque, sang, sueur.

C'est dans ce mouvement d'exposition du corps, traditionnellement le plus intime dans notre fonds culturel, que se lit l'intimité nouvelle :

— « libération », sortie du ghetto de la morale et des convenances, expression de soi, révélation de différence et revendication de liberté...

— mais aussi désérotisation d'un corps-objet, remodelé en robot, anatomiquement décortiqué, normalisé, standardisé aux canons de la mode ou de la diététique ; corps intouchable, marmoréen, insensible presque, pur stéréotype. L'intimité moderne montre « le » corps, mais toujours aussi peu « mon » corps : le particularisme, le caractère, excès de beauté ou monstruosité, différence marquée redeviennent intimité indicible, qu'il faudra transformer en folklore ou showbiz pour oser l'exprimer, en simulacre désactivé.

C'est le même mouvement observé dans le modèle d'intimité sociale, professionnelle ou privée : ce potentiel d'individualité vivante, pulsionnelle et transgressive, inventive et agressive donc, créatrice mais destructrice potentiellement des normes établies, doit être géré socio-culturellement. Il le fut par le culte du privé de la civilisation latine et par le culte de la transparence dans l'*american way of life* des années 60/70 ; ce potentiel est plus aujourd'hui géré dans le registre du simulacre.

Ce que l'intimité dévoilée expose est froid spectacle ; ce que l'intimité tribale réunit est protectionniste ; ce que l'intimité du nid encoconne est une image d'Épinal. Le théâtre de l'intime montre à grands renforts de clairons libératoires et de tambours audacieux, pour mieux cacher. Le marché de l'intimité est celui de la distanciation : comment faire semblant de joyeusement participer au jeu social, sans s'y révéler... cet étalage d'intimités n'a rien de provocateur ni séducteur, il n'est que revue de simulacres, écran de fumée ; et à l'abri de ce jeu d'images, les individualismes égocentrés ont rarement été aussi avares de leurs motivations et de leurs richesses.

BERNARD CATHELAT

Sociologue.

Auteur de *Vous et les Français* (Flammarion, 1985) et *Les Styles de vie* (Éd. de l'Organisation, 1985).

DU DIVAN À L'ÉCRAN

entretien avec
SERGE LECLAIRE

Psychanalyste. Auteur de *On tue un enfant* (Le Seuil, 1975) et *Rompre les charmes* (Interédition, 1981).

Autrement. - Serge Leclaire, vous êtes psychanalyste, qu'est-ce que l'intime pour vous ?

Serge Leclaire. - Je suppose que l'idée générale, la représentation commune synonyme de l'intime, c'est ce qu'il y a de plus intérieur, de plus profond, de plus secret. Cet intérieur est imagé par la chambre, le lit, etc. Première remarque à propos de l'émission télévisée Psy Show : la télévision, l'écran fait maintenant partie de cet intérieur pour les téléspectateurs, il est dedans. Si j'avais en quelques lignes à décrire l'intérieur, je parlerais de l'intérieur du corps : lorsqu'on resserre la métaphore de la maison, la chambre, le lit, le couple, le corps, on en vient à penser que le plus intérieur, le plus intime, c'est l'intérieur du corps. On retrouve cette image très bien représentée dans toute la mythologie autour du corps de la mère.

Mais à mon sens l'intime n'est pas l'image qu'on se fait de l'intérieur, la métaphore qu'on peut en déduire. Il n'est pas de cet ordre, il n'est pas dans les lieux réservés, reclus : Je dirai que *l'intime se situe dans l'entre-deux,* au minimum à l'entre-deux corps. Donc ce n'est pas ce qui se passe à l'intérieur mais c'est exactement ce qui constitue le rapport à l'autre. On quitte donc une représentation de l'intime comme image d'une autarcie narcissique pour une image de ce qui constitue le rapport à l'autre aussi bien qu'aux autres ; on sait bien que l'autre auquel on s'adresse est toujours un autre, il n'est jamais celui qu'on croit. Ce que dit le patient à son analyste est adressé à son père, sa mère ou autre. Cela fait déjà éclater la représentation d'un système autarcique à l'intérieur duquel on trouverait le plus intime. Ce qui donne son caractère irremplaçable à cet intime de l'entre-deux, c'est qu'il excède toute réduction possible de par sa nature. On passe d'une autarcie secrète à un jardin secret que l'on montre ; d'ailleurs, ce jardin est entre les deux maisons. L'intime au sens où je l'entends, loin d'être clos, secret et renfermé, dépasse constamment, il excède toujours parce qu'*il s'agit d'une rencontre avec l'autre.*

Dans votre émission Psy Show, qu'en est-il de l'intimité des protagonistes ?

Il faut bien dire que les gens viennent participer à l'émission parce que nous en avons créé le dispositif autour du projet commun à toute l'équipe : concevoir une émission d'un type nouveau. Je pense que si nous sommes amenés à parler de Psy Show dans cette interview, c'est à propos de son aspect paradoxal, qui est sensible à tout le monde : comment arriver à cette situation pour le moins étrange d'une émission télévisée où l'on se retrouve sur un plateau pour parler des choses les plus profondes, les plus intimes qui nous posent problème ? Ce qui soutient, ce qui rend compte de ce paradoxe, c'est justement cette idée de l'intime comme entre-deux. Ce qui n'empêche pas l'émission de rester paradoxale parce qu'elle va complètement à contre-courant du sens commun, tout en répondant manifestement à une demande très forte des couples, de l'équipe et des téléspectateurs. Théoriquement cela va très loin et est lourd de conséquences parce que ce paradoxe bouleverse quelque chose de la représentation qu'on se fait du partage entre intérieur et extérieur, privé et public, profond et superficiel, etc. Topologiquement le problème intérieur/extérieur est reposé et on se retrouve avec une représentation de la spirale, où l'intérieur de l'un peut devenir l'extérieur de l'autre, où l'intime n'est ni à l'intérieur ni à l'extérieur.

Pourquoi vient-on dévoiler son intimité au public ?

Pour en revenir aux couples qui demandent à participer à l'émission, ils viennent se mettre en situation de *pouvoir parler*. Beaucoup viennent « témoigner ». Cette situation leur permet de parler parce que « l'entre-deux » est extraordinairement élargi, fragmenté du fait de la présence d'un public (l'équipe, les téléspectateurs). Ce nouvel espace, fantastiquement amplifié, donne sa chance à une parole qui met en jeu l'intime et peut déployer alors l'inattendu. Il faut repartir de cette idée à laquelle je crois et dont nous avons déjà parlé, selon laquelle le patient s'adresse toujours à un autre, autre que le journaliste, l'analyste, etc. Il y a toujours un au-delà. Le fait que cet au-delà soit concrétisé, c'est-à-dire qu'à travers l'émission télévisée, il parle à la fois à son interlocuteur, son partenaire et à cet autre, lève à mon sens un certain nombre d'empêchements et libère ainsi la parole. Quelque chose de l'échange est de nouveau possible du fait qu'il est diffracté et non plus faussement centré dans la perspective d'un discours superficiel dominant. Évidemment cela n'est pas possible avec tout le monde.

Quels sont les effets pour les protagonistes d'un tel dévoilement de leur intimité ?

Quand nous avons eu ce projet, je ne pensais pas du tout « faire le plateau ». Nous avons fait des essais avec des psychologues mais ça n'a pas très bien marché parce que j'ai pu constater que ces professionnels étaient complètement hantés, paralysés par la peur des effets, par l'idée de ne pas avoir de contrôle sur les suites de l'émission. Je pense qu'ils avaient le sentiment de ne pas maîtriser l'espace transférentiel (le cabinet de l'analyste, la relation exclusive patient-thérapeute, le secret professionnel, etc.) qui est une sorte de garantie lors d'une cure psychanalytique. Pour ma part, j'ai senti immédiatement que le dispositif même de l'émission constituait un espace transférentiel, une garantie très forte du fait de cette très grande diffraction du public et de la présence d'interlocuteurs très concrets, appareillés, machinés : journalistes, techniciens, caméras. J'ai donc pensé qu'on pouvait aller très loin sans vraiment courir de risques de décompensation psychotique ou de tentative de suicide par exemple. Le plus important pour eux, c'est la réécriture par le montage de ce qu'ils ont dit aux journalistes. Alors seulement quelque chose de leurs dires est pris en compte. Lorsqu'on leur montre le montage, il y a comme un effet de retour interprétatif, même si son contenu ne donne pas d'explications interprétatives. Tout à coup, les mots qui ont été prononcés leur reviennent en ayant été pris en compte, entendus par les autres. Lors de cette projection, il peut y avoir opposition, des séquences supprimées, des mots enlevés : « Ça, je ne veux pas. »

Pour nous, cela fait partie des données de départ, de la règle du jeu. Mais justement, les demandes de censure concernent l'intimité de l'entre-deux : « Oh, ça ma mère ne le supportera pas », il ne s'agit alors pas d'eux. Cela montre bien qu'un message va passer, doit passer par la voie de l'émission, qu'il est détourné, adressé à un autre.

Pour en revenir aux effets de l'émission, ils sont plus positifs que négatifs ; dans l'ensemble ce qui domine, c'est une mise en circulation plutôt qu'un blocage de la communication. Plus l'émission avance, moins nous avons peur et plus les effets sont positifs et satisfaisants pour les protagonistes. Bien sûr, après l'émission, nous ne perdons pas le contact avec eux et nous les revoyons si le besoin s'en fait sentir. Psy Show ne peut pas avoir les effets d'une cure analytique mais elle est « un coup », un événement dans le cours de leur vie, qui peut leur montrer que quelque chose pouvait se débloquer, une expérience de communication.

Quand vous avez pensé à cette émission, quels étaient votre projet, vos enjeux ?
Mon projet est justement la rencontre de passions intimes, des passions secrètes de toute une équipe. Il a pris corps à partir de cette rencontre et du désir de faire un produit nouveau ; mais la mise — l'investissement — de chacun y est très différente et touche à sa propre intimité. Pour moi, tout au moins, l'enjeu est très intime, il est lié à mes passions les plus fortes. Évidemment, on ne peut en parler qu'après coup parce que tout cela n'est jamais vraiment délibéré. Mais pour vous répondre, il est certain qu'il se trouve être du même ordre que celui des gens qui veulent participer à l'émission, ils se répondent l'un à l'autre. C'est-à-dire que j'ai le désir, le projet que d'autres modes de relations puissent, comme on en a l'expérience dans la stricte situation analytique, advenir ; que l'on puisse passer à un autre régime de communication que celui du discours dominant de pouvoir, et le détrôner ainsi de son hégémonie. Mon expérience me dit que cela est possible à l'intérieur du strict cadre analytique : il arrive quand même qu'au cours d'une bonne analyse il se passe quelque chose ! Quelles qu'en soient les difficultés ! Si cela peut se faire dans les conditions expérimentales originelles de l'analyse, cela doit pouvoir se passer aussi en tout autre lieu. Si la circulation de la parole, l'écoute, la possibilité de parler existent en un lieu, si elles sont possibles et ont des effets, et si donc le discours analytique a une consistance, il doit pouvoir fonctionner en dehors de son cadre actuel et ainsi pervertir le règne du seul discours de pouvoir, celui du savoir, du politique, du scientifique... Sans contester leur pertinence ni leur utilité, je voudrais contribuer à en relativiser l'hégémonie. Il y a quelques années j'ai créé à la faculté de Vincennes le seul département au monde de psychanalyse ; quelque chose de l'analyse est alors devenu public, mon enjeu dans Psy Show est du même ordre.

Que signifie pour vous le passage d'une pratique en cabinet à Psy Show, d'une situation intime et secrète à une émission télévisée publique ?
Mise à part la nécessité intérieure, la passion que l'on peut avouer pour ce genre de chose, j'ai pensé qu'à partir d'un certain moment de l'élaboration théorique de la psychanalyse, complètement liée au travail de Jacques Lacan, on avait les moyens de rendre opérant le discours analytique ; je n'ai jamais pensé que ce qui était important, c'était le

secret, maintenu par la stricte règle analytique. Lacan en est un exemple probant, ce qui est le plus important pour nous ce sont ses conférences et non pas sa vie privée, secrète. Pour moi ce qui est important dans la psychanalyse, c'est la transmutation de la parole, sa remise en circulation dans la vie, le côté secret de la chose est secondaire et profondément fantasmatique. Si secret il y a, c'est dans le mécanisme lui-même qui empêche la parole d'advenir, parce que secret il est difficile à mettre en œuvre, comme un code est secret parce qu'on l'a chiffré ; ça n'a rien à voir avec le contenu du message mais avec le dispositif secret du codage. J'ai donc une certaine confiance, croyance peut-être, dans le fait que par la psychanalyse on peut mener une parole jusqu'à son terme, dans ses détours les plus apparemment incohérents ; c'est par ce travail que le secret peut être levé et la parole ainsi remise en circulation. Pour le patient et pour l'analyste, c'est une découverte, de l'inattendu à chaque fois et c'est aussi ce qui se passe à chaque tournage de Psy Show. Lorsqu'on donne des cours à la fac ou lorsqu'on écrit, ce que l'on livre de soi est beaucoup plus contrôlable et maîtrisable que lors du tournage d'une émission où il arrive toujours des choses imprévisibles, des découvertes. C'est pour cela que c'est merveilleux et tout à fait extraordinaire, et que l'implication de tous y est si grande.

Voilà, Psy Show montre que si l'on bute sur quelque chose, on pourra avancer de nouveau en faisant fonctionner le mécanisme parfois si inaccessible de la parole. Évidemment lorsqu'un secret est dévoilé, il perd de son aura, c'est-à-dire qu'il cesse de fonctionner. Je veux dire qu'il y a souvent connivence entre deux êtres dans le drame ; si par la parole le drame se dénoue, le secret s'évente et les deux protagonistes peuvent enfin passer à autre chose.

Faites-vous un parallèle entre l'intimité et le secret pris dans leur sens commun ?
Oui, d'ailleurs j'en reviens au paradoxe dont nous avons parlé tout à l'heure, parce qu'un secret doit être recelé à l'insu de tous, y compris de son détenteur. Le vrai secret, ce n'est donc pas le contenu du message, il est lui-même dérisoire, c'est un secret de Polichinelle comme celui concernant l'affaire Greenpeace par exemple, ou ce qui doit rester caché, c'est le fonctionnement des services secrets. Nous dirions en termes d'école que le vrai secret, c'est le fonctionnement même de l'inconscient. La nécessité de préserver le secret me paraît donc inutile, l'inconscient, ça ne s'épuise pas, heureusement parce que cela reviendrait à dire qu'à dévoiler un secret on épuise ses ressources vitales. Si on tient à maintenir le secret, serait-ce qu'à l'éventer on risquerait de perdre quelque chose, perdre son âme ? Pour ma part, il est certain que les réserves de secrets sont inépuisables et l'idée d'en tenir un et de le garder, c'est vraiment l'occasion de se figer, c'est très étriqué et surtout mortifère. Mais tout le monde raffole de ça, c'est probablement parce que cela se vend bien, encore une fois comme l'affaire Greenpeace, mais c'est un mode de circulation complètement pervers et déplacé, en somme c'est ce que j'appelle le commerce.

Voilà, pour moi c'est le reflet d'un fonctionnement enfantin, je n'y vois pas d'inconvénient mais je ne vois pas non plus pourquoi nous devrions pérenniser ce système, ne pas toucher à cette mythologie.

propos recueillis par
NATACHA LION

LAURENCE CHANET

ÉROS ET PSYCHÉ AU RÉVÉLATEUR

Quelles voies peut encore emprunter l'érotisme — ce sujet immuable depuis l'orée des temps — pour nous surprendre ?... Quand bien même les fantasmes associés à l'érotisme ne changent guère, la façon de les traduire, elle, évolue comme le révèle *La Photo érotique contemporaine*[1].

Si à l'époque puritaine de l'Angleterre victorienne, il suffisait de découvrir la cheville pour provoquer à la fois les plus grands scandales et les plus grands émois, il n'en est plus de même aujourd'hui !... Entre-temps, les danseuses de French Cancan eurent leur succès en exhibant la jambe, et les mini-jupes des années 60 ont provoqué bien des remous en dévoilant le haut des cuisses, avant que l'on ne montre, dans une suite logique, l'entrejambe. Mais, dès lors, que reste-t-il à dérober ?...

Et depuis que la pornographie en tous genres, qui prolifère depuis une vingtaine d'années, a exposé les organes génitaux sous toutes leurs coutures, on peut — en dehors de toutes considérations morales — s'interroger : Est-ce vraiment sensuel ? Est-ce cela qui déclenche le frisson ? Est-ce que cela traduit le fugitif, l'éphémère et l'inattendu de la rencontre érotique ?

Selon la réponse apportée à ces questions, on pourrait schématiquement séparer les réalisateurs en deux types : les « classiques » et les « innovateurs » ; les premiers seraient plus proches de la pornographie, tandis que les seconds auraient au contraire le souci de s'en écarter très nettement.

Et cette distinction va au-delà d'une simple nuance terminologique ; en effet, si les évocations les plus traditionnelles se retrouvent tant dans l'un que dans l'autre, la façon des les traduire, elle, est incomparable !...

L'objet fétiche en illustre toutes les nuances — de l'ostentatoire gadget des sex-shops à la chaussure qui possède un pouvoir érotique propre, en passant par l'incontournable accessoire qu'est le sous-vêtement féminin — tous les styles sont présents, du plus vulgarisé au plus raffiné... D'autres ne se sont pas cantonnés à cette image de l'objet fétiche, mais ont traduit le fétichisme dans son acception la plus large, en attirant le regard sur des petits détails du corps lui-même (cicatrices, tatouages, taches de naissance, veines des seins, etc.) ou en portant l'attention sur des éléments le recouvrant (eau, sperme, boue, peinture, etc.)... Et d'autres n'ont fait que le suggérer, rappelant à juste titre que « l'érotisme c'est ce que vous ne voyez pas — l'odeur, le goût et le toucher sont érotiques — et les photos érotiques donnent des indices sans tout dévoiler ; votre cerveau doit travailler pour combler les vides, pour trouver le charme de l'inconnu comme pour trouver un parfum tout à fait nouveau » (T. Jones).

LA BANALITÉ DE LA NORME

Les « innovateurs » s'écartent aussi des « classiques » en ayant moins souvent recours aux conventionnelles mises en scène perverses où Sade et Masoch occupent le devant de la scène ! Certes si, comme le souligne Freud, « la disposition à toutes les perversions est quelque chose de profondément et généralement humain », l'érotisme ne se limite pas pour autant au travestisme, à l'homosexualité, au sadisme ou au masochisme !... Si les rituels ne sont pas négligeables, si l'interdit comporte en soi le charme de sa transgression, on peut néanmoins trouver de l'attrait dans la banalité de la norme : un homme et une femme faisant simplement l'amour... et c'est cette simplicité que les « innovateurs » semblent privilégier, avec le seul style qui lui convienne, celui de la sobriété !

De ce fait, on note une évolution très nette vers une photo érotique plus nature — qui tend vers le reportage — et permet ainsi de mieux capturer le fugitif, telles ces scènes de la vie quotidienne perçues avec tant d'authenticité par les Japonais (N. Araki, S. Obuchi)... femmes dévoilées dans leur intimité, poses naturelles captées dans l'instant... les corps qu'elles révèlent ne sont pas forcément à leur avantage (corps déformés ou disproportionnés), leurs activités ne sont pas toujours valorisées (tantôt incongrues, tantôt incohérentes)... mais ces femmes sont vivantes, et on y croit !

Le choix d'une photo plus « vraie » implique aussi que les considérations esthétiques passent au second plan, et dès lors on n'hésite plus à laisser apparaître les cicatrices, les marques de maillot dues au bronzage, etc. La technique utilisée y participe aussi : lumière naturelle, sans filtre et utilisation du 35 mm pour créer des ambiances spontanées et familières où on laisse apparaître ce qui pouvait être considéré comme des défauts techniques (plis, cassures, etc.). Il en ressort une impression générale de scènes plus authentiques et plus vécues, où la femme apparaît moins comme objet sexuel que comme sujet, où l'« expérience érotique » se présente davantage comme une expérience psychique que physique...

L'exemple le plus significatif en est sans doute la représentation de « la beauté corporelle » ; si la beauté majestueuse de la femme puissante chez Masoch et la fragile beauté des vierges chez Sade illustrent l'importance accordée par l'érotisme aux attributs physiques, ils mettent aussi en évidence la subjectivité de cette notion ; cela est tout à fait bien rendu ici par la mouvance des critères retenus : du mannequin filiforme (conformément à la mode) aux femmes rondelettes (conformément au plaisir ?...), du modèle pulpeux rappelant la voluptueuse Marilyn Monroe aux femmes musclées à la façon des athlètes !... Mais surtout une place est laissée à la « laideur », tel ces modèles photographiés par A. Chatelain : femmes d'un certain âge aux seins tombants, à la peau flasque, où cellulite et bourrelets ne sont plus à cacher !... Autant de tentatives pour retrouver une harmonie avec la nature, revendiquant par là même que « l'érotisme doit être peint ouvertement et candidement » (C. Leydmann).

PSYCHÉ DEVANT LE « MONSTRE HORRIBLE »

Autant d'approches qui sont d'authentiques « retours aux sources » en ce sens qu'ils redonnent toute leur force au récit mythique : Psyché (l'âme) possédait une beauté plus qu'humaine qu'on venait admirer de partout, mais qui lui causa bien des déboires ; non seulement elle s'exposa à la colère de la jalouse Aphrodite, mais ne parvenait pas à se marier, tellement sa beauté effrayait ses prétendants ! L'oracle ordonna alors de parer la jeune fille pour un mariage, et de l'exposer sur un rocher où un « monstre horrible » viendrait en prendre possession !... Mais la beauté — atout ou handicap — revêt d'autres visages encore, et réserve d'autres surprises puisque ce « monstre » se révéla être Éros, le bel adolescent !...

Si le mythe peut s'entendre comme « vérité universelle », voire comme expression privilégiée de l'inconscient, on ne s'étonnera pas dès lors de le trouver réactualisé dans ces images érotiques d'où les personnages de la mythologie grecque et romaine se dégagent en filigrane : si Éros et Aphrodite occupent bien sûr le devant de la scène, Œdipe, Narcisse et Psyché n'en sont pas moins présents ; d'autres personnages vont et viennent au gré de leurs humeurs, tels Héra, Zeus et Tirésias qui s'entretiennent sur les plaisirs de l'amour... tout en côtoyant parfois Dionysos, fidèle au rite des Bacchanales !...

Dès lors, ces photos érotiques pourraient aussi se lire comme des créations concrètes et spécifiques du récit mythique d'où se dégage une atmosphère mystérieuse où l'imaginaire l'emporterait sur le réel, le dissimulé sur le visible, le suggestif sur le descriptif... autant de démarcations par rapport à la pornographie qui rappellent que l'érotisme ne se réduit pas toujours à de l'anatomie mais peut aussi parfois nous conduire dans le monde des songes... « Soleil de minuit »,

« forêt des fées », « arc-en-ciel Amour », « poupée de rêve », ces titres donnés par S. Obuchi à ses créations ne nous introduisent-ils pas d'emblée dans un univers empli de poésie et de douceur ?...

Néanmoins, la diversité des images présentées rappelle que l'« expérience érotique » est avant tout subjective et individuelle, et que donc le terme « photo érotique » ne peut pas recouvrir une réalité univoque et uniforme. Tenter de vouloir définir l'érotisme est de l'ordre du paradoxe car « l'érotisme est dans la tête. L'érotisme, c'est ce que chacun trouve érotique » (Duane Michals). De même, tenter de cerner le pouvoir érotique d'une image est une entreprise quasi impossible et forcément illusoire, ne serait-ce que parce que « l'érotisme est dans l'œil de celui qui regarde », comme l'analysent à juste titre de nombreux réalisateurs.

Cela confirme que cette « expérience érotique » — inattendue, fugace et éphémère — est avant tout une expérience psychique, et donc subjective.

PORNO, SEXY, SENSUEL, ÉROTIQUE

Certes, si la rencontre érotique est une nécessité — ne serait-ce que parce que, « sans érotisme, il n'y a pas de rêve » (A. Chatelain) —, ne permet-elle pas par là même d'actualiser ses fantasmes, de projeter ses désirs, etc. ? « L'érotisme c'est bien quand c'est moi qui le fais », postule narcissiquement M. Momy !... « L'érotisme, c'est la femme que j'aime », rappelle joliment F. Ferri... et « L'érotisme c'est l'imagination », résume C. Leydmann.

Porno, sexy, sensuel, érotique, etc. : les appellations sont variées et prennent forcément un sens différent pour chacun ; mais ces « innovateurs » nous rappellent que l'érotique penche moins vers le « porno » (du lat. *porne* : prostituée) — lui-même associé à l'« obscène » (du lat. *obscenus* : de mauvais augure) — que vers le « sensuel » (du lat. *sensualis* : sensible et relatif aux sens).

L'érotisme ne s'allie-t-il pas mieux aux sens qu'à la raison ? « Je ne pense pas photo érotique ; pour moi, c'est quelque chose qui provoque une réaction sexuelle ou sensuelle » (A. Blanch). Mais cela ne doit pas nous faire oublier pour autant que si la photo érotique n'est pas « le reflet de tentatives mûrement réfléchies, résultats de la concentration ou aboutissement de longs projets » (M. Resnick), elle n'en révèle pas moins de vrais sentiments, traduisant les choses les plus chargées de sens qui soient...

L'érotique — du grec *erotikos* : qui concerne l'amour — n'est-il pas nécessairement chargé de sens telle l'histoire ? La photo érotique n'illustre-t-elle pas inévitablement ce rapport singulier que le temps entretient conjointement avec l'espace et la mémoire ? « Pour moi, l'érotisme, c'est une scène entre un homme et une femme extraite de mon histoire » (S. Obuchi).

Mais peut-on seulement cerner l'essence dégagée par Éros, ce dieu grec de l'Amour qui partage la violence de la vie et du destin ? « L'érotisme s'en va laissant sur les murs les traces de son désir » (Occhiamagico).

LAURENCE CHANET
Psychologue

1. *La Photo érotique contemporaine,* réalisé par Terry Jones ; introduction de Jack Schofield (Paris, Filipacchi, 1983).

A PROPOS DE JEANLOUP SIEFF

A travers ces essais photographiques libres réalisés par Jeanloup Sieff pour les chaussures Carel (pp. 178-179), on aurait pu tout aussi bien imaginer une pub pour DIM, petites culottes bateaux, ou soquettes d'enfants, autant d'objets fétiches, mais non dénués ici de fantaisie et d'originalité. L'accent n'est mis que sur une partie du corps, souvent disproportionnée : jambes « trop » longues, fesses « tellement » dodues... Les modèles sont pris dans leur intimité la plus naturelle, et donc pas forcément à leur avantage ; ce sont des photographies prises à la lumière du jour, « toutes simples », précise Sieff ; l'utilisation d'un 35 mm, avec très grand angle, a permis de rendre l'espace froid et aliénant ; le tout est accentué par un décor rigide, aux lignes géométriques, sans artifice aucun, plutôt banal. C'est dans cette distance et ce mystère créés qu'est suggéré l'érotisme de ces modèles. *Mais qui est-il, cet être féminin sans visage ? Une inconnue à découvrir... Quelle expression revêt cette physionomie ? Elle dort, elle pleure, elle rêve... Que suggère la position de ces corps ? Sérénité, inquiétude, lassitude... Les réponses varient selon les fantasmes de chacun. La porte est-elle ouverte pour que la rencontre avec l'homme soit plus rapide ? Le téléphone incite-t-il à penser qu'elle attend de ses nouvelles ? Guette-t-elle le bruit de ses pas ou s'est-elle paisiblement endormie ?... L'érotisme permet de laisser libre cours à l'imagination, et c'est ce qui fait tout son charme...*

LAURENCE CHANET

JEANLOUP SIEFF

L'attente d'une femme atteinte

« Une fâcherie, une rupture... elle attend quelqu'un ou du moins de ses nouvelles » (homme). « Lassée d'attendre, elle s'est paisiblement assoupie » (femme). « Elle n'attend plus, elle pleure en se mordant les doigts » (adolescente).

« Séduire, c'est fragiliser. Séduire c'est défaillir. C'est par notre fragilité que nous séduisons, jamais par des pouvoirs ou des signes forts. C'est cette fragilité que nous mettons en jeu dans la séduction et c'est ce qui lui donne cette puissance » (J. Baudrillard, De la séduction*).*

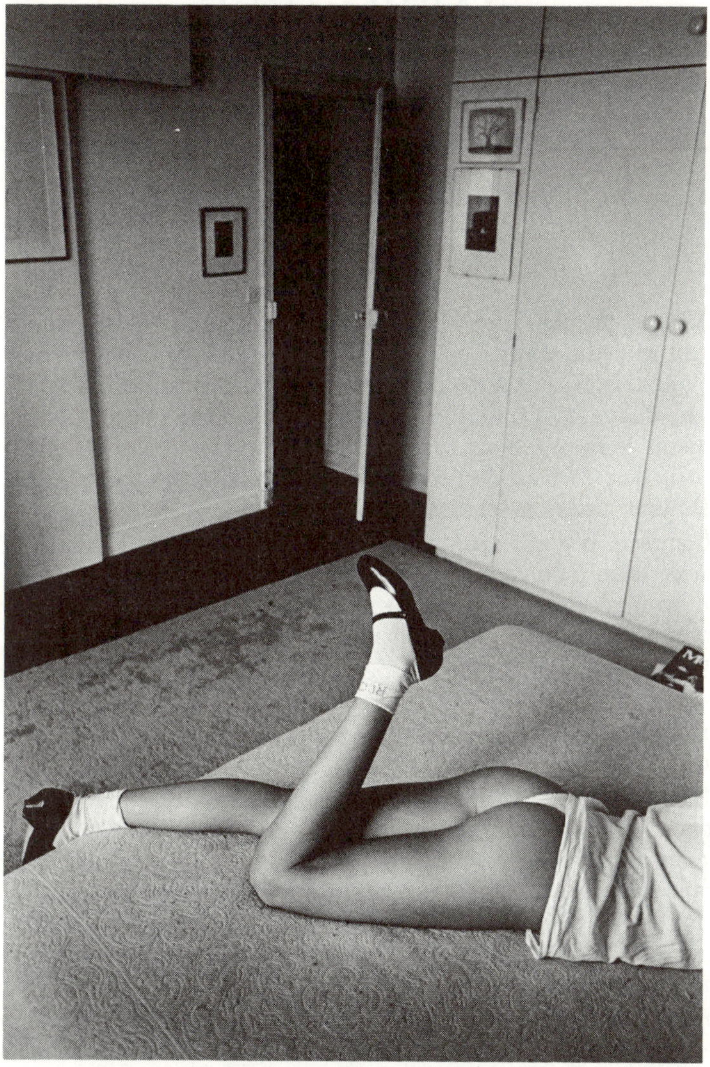

JEANLOUP SIEFF

L'insouciance enfantine

« Le galbe des fesses, la nonchalance exprimée, l'oisiveté suggérée aspirent à l'érotisme » (homme). « L'érotisme... l'impudeur de l'innocence enfantine ! » (femme). « C'est incongru et on aimerait en savoir davantage » (adolescente).

« Le trompe-l'œil ôte une dimension à l'espace réel, et c'est ce qui fait sa séduction. Le porno au contraire ajoute une dimension à l'espace du sexe, il le fait plus réel que réel, ç'est ce qui fait son absence de séduction » (J. Baudrillard, De la séduction*).*

BRUNO FRAPPAT

INTIMITÉ SOUS PRESSE

Allô, magazine ? Bobo ! Nous vivons une époque formidable. On l'a dit et redit, mais c'est vrai. Stress, vague à l'âme, énervement, fatigue, tristesse et langueur, difficultés professionnelles, soucis de cœur, d'argent, d'enfants ? La presse est là pour nous aider, nous soutenir le moral, nous redonner force et vitalité. Le kiosque, c'est la structure de base de l'équipement hospitalier français, le lieu des premières urgences et des soins (presque) gratuits.

Comment n'y avoir pas pensé plus tôt ? Vous étiez là, dolent, doutant de tout, inquiet, à côté de vos chaussures et vous ne saviez pas que les magazines se mettent en quatre pour vous aider, pour vous servir, vous lecteur patient, patient-lecteur ?

Promenons-nous au hasard des chemins de la philanthropie hebdomadaire ou mensuelle. Elles sont toutes là, les recettes du simple bonheur, de l'équilibre, de la joie et — presque — de la vie éternelle.

D'abord *Marie-Claire* qui n'y va pas par quatre chemins et vous propose une rubrique tout simplement intitulée « Soyez mieux ». On ne saurait être plus sobre et, sans doute, plus efficace. Voici la « pause-déjeuner », moment à organiser soigneusement. C'est « une bonne heure pour pratiquer une activité physique (...) à midi choisissez de faire des balles plutôt qu'un match de tennis ». Une idée simple et pratique, en effet.

Il faudra demander à Jacques Chirac de remplacer tous les parkings de Paris par des courts de tennis. Une idée de remplacement, venue, nous précise-t-on, d'Amérique : « Laissez une paire de baskets sur votre lieu de travail et troquez-la à midi contre vos escarpins pour faire de la marche rapide quelques dizaines de minutes dans le quartier. » On peut toujours fermer les yeux en marchant, pour imaginer la forêt et ses odeurs...

Il y a quand même plus sérieux, aujourd'hui, c'est le *body-building*. Dans *Marie-Claire*, une certaine Claudy témoigne de sa métamorphose : « Lorsque j'ai débuté, j'étais plutôt maigrichonne et j'avais une vie complètement déréglée. N'étant pas très puissante des bras au départ, je fus rapidement étonnée de la force que j'avais acquise : j'arrivais à ouvrir sans peine les couvercles des boîtes de confiture, ou à relever le tire-veille de ma planche à voile, par exemple. » Par exemple... Mais ce n'était pas tout. La transfigurée s'expose. Lors d'un défilé de candidates pour tourner dans un film : « Habillée en string au milieu d'autres mannequins elle fut seule retenue », s'extasie le journal, car elle avait « les fesses plus musclées, la taille plus fine et plus marquée ».

Pour un beau résultat, c'est un beau résultat : « A trente ans je me sens beaucoup plus belle qu'à vingt ans. » Où s'arrêtera-t-elle ? On frémit en songeant à la beauté qu'elle affichera à soixante-dix ou quatre-vingts ans, au rythme où vont les choses dans l'ordre du *body-building*...

DU FLOTTEMENT DANS LES CELLULES GRISES

Marie-Claire n'a pas peur de lutter contre les tabous et les idées reçues : « On entend souvent dire : "Pas de cuisine à la crème, c'est trop lourd !". Or la crème est le plus léger des corps gras. Quant à croire que la crème fait mal au foie, c'est encore un préjugé à pourfendre : elle stimule au contraire l'évacuation biliaire. » Pourfendons donc.

En remontant vers le haut on finit toujours par trouver la tête et, dans la tête, le cerveau. Lui aussi il faut l'entretenir, ne serait-ce que pour « rester jeune » tant il est vrai que le souci principal des gens qui ne sont plus jeunes est, curieusement, de le rester. Du flottement dans les petites cellules grises ? « C'est le moment de passer votre bac (bilan d'activité cérébrale). » Il y a des instituts pour cela. On y échauffe les esprits, seuls ou en groupe.

Si cette lecture et ces pratiques ne suffisent pas à vous redonner le goût de vivre et l'appétit (y compris sexuel) vous pourrez toujours vous plonger dans les autres rubriques de *Marie-Claire* : le courrier (« Vous et Nous »), les enquêtes et reportages (ce mois-là « Les ventres à louer », « Maîtresses d'un homme marié en 1985 », « Excision, le combat des Africaines », « Les amours d'enfance qui durent toute la vie », « Maman est alcoolique... »). *Marie-Claire,* de la tête aux fesses en passant par le foie et le reste, le journal qui vous dit tout sur vous et sur ce que vous devriez être.

Qui suis-je ? La question, hautement philosophique, hante l'esprit humain depuis quelques millénaires sans réponse satisfaisante. Sauf peut-être dans ce numéro d'*Actuel* qui publie le test que tout le monde attendait : « Êtes-vous victime des modes ? » Il y a quatre possibilités. Les *into it* : « Bravo ! vous êtes très au courant. » Les *would be* : « Vous n'êtes pas complètement une victime des modes. » Les *never would* : « Trop tard ! Le train de la mode passe vite et vous restez sur le quai. » Enfin, les *elsewhere* : « Vous vous situez à l'écart des modes. Formidable. » Bravo, *Actuel,* journal formidable qui félicite les *into it* sans condamner les *elsewhere.*

Voilà au moins réglée une question existentielle. Et une angoisse d'identité. Si vous avez du mal à digérer ce diagnostic-définition, *Paris-Match,* qui se soucie de vos tripes, conseille pour lutter contre coliques et diarrhées la fameuse racine de gingembre. L'usage en est aisé : en cas de coliques une simple infusion : « Vingt grammes de gingembre, cinquante grammes de salicaire, quinze grammes de renouée des oiseaux, quinze grammes de feuilles de ronce. » En vente partout.

POUR DÉVELOPPER L'ALTRUISME : UN ANIMAL FAMILIER

L'esprit léger, le ventre en ordre, il semble qu'on progresse sur la voie du bien-être. On commence à oublier ses petites misères et à se tourner vers les autres. Comme Mme Danielle Mitterrand qui, dans *Jours de France,* nous indique un bon truc pour développer l'altruisme : « Avoir un animal familier, surtout pour un enfant, c'est une formidable façon d'expérimenter la responsabilité et la générosité envers un être plus démuni face à la vie. Je ne connais pas de plus sûr moyen pour apprendre que c'est bon de donner et que, pour recevoir, il faut aimer et donner. »

Les autres, les autres, facile à dire. Mais si vous croyez que c'est facile d'aller seul dans la vie et d'être requis de s'intéresser aux autres ? A ceux qui pensaient que dans une société hédoniste et égoïste les aventuriers modernes étaient, comme l'a dit Péguy, les pères de famille, *Le Nouvel Observateur* vient d'infliger un retentissant démenti quand il a fait sa couverture sur « Les aventuriers du célibat ». Les aventuriers aiment bien raconter leurs exploits. En voici un : « C'est comme ça tous les soirs. Il allume la minuterie, monte les marches de son escalier, s'arrête un instant sur le palier et sonne à sa propre porte. Comme Michel vit seul depuis toujours, évidemment, personne ne répond. » Il s'explique : « J'aime me faire peur. Imaginez qu'une nuit une femme m'ouvre et me dise en s'essuyant les mains au torchon : "c'est à cette heure-ci que tu rentres" ? »

Voilà un homme qui sait ce qu'est le risque et où est le danger. Et le plaisir ? Ignore-t-il que cette femme mythique pourrait être une lectrice de *Confidence* et lui avoir composé, ce soir qu'il croit fatal, quelque recette de cuisine inventée par cette gazette qui propose, cette fois, la liste suivante : « Paupiettes surprises en chemise, petits soufflés aux gambas, rougets farcis, bouquets de chou-fleur à la sauce piquante, velouté de potiron, soufflé de pain à la Windsor. » Vous en connaissez beaucoup, vous, des célibataires professionnels qui sauraient résister à pareil traitement ?

Mais il faut se hâter et ne point trop traîner à table quand le parcours du combattant de la forme vous requiert. Magazine après magazine l'univers du bien-être se précise, s'illumine. Dans *Parents* (« le magazine de trois millions de jeunes couples ») les rubriques vous interpellent quelque part, comme on dit : « Le lecteur a toujours raison », « Nos médecins vous renseignent », « Nos spécialistes vous répondent », « Les trucs qui simplifient la vie ». *Elle* publie un *Spécial Beauté* spécialement beau. Et si ça ne suffit pas, si la beauté se fait attendre il y a *Vital*, qui est fait pour réconcilier les femmes avec leur corps. C'est aussi un numéro « Spécial Super Vital », encore plus super et encore plus vital que d'habitude. Il s'adresse spécialement à « celles qui aiment leur corps, celles qui garderont un corps neuf, celles qui n'ont que leurs week-ends, celles qui sont toujours en retard, qui se croient boulimiques, qui débutent en gym-machine, qui veulent courir longtemps, qui seront plus belles demain, et presque toutes les autres ».

Celles qui ne se reconnaîtraient pas dans *Vital* et sa liste de lectrices aux aguets pourront toujours se reporter, les coquines, au numéro d'*Union*, la revue « des rapports humains », c'est-à-dire essentiellement sexuels, si l'on a bien compris. Elles trouveront dans le courrier un beau témoignage de... vitalité sur un pénis de vingt-deux centimètres et demi de long. Dans « l'ours » il y a des noms de médecins par bataillons entiers. Car c'est un journal scientifique et à propos de pénis on vous expliquera que, Dieu soit loué, là non plus comparaison n'est pas raison.

Avant d'en arriver à cette extrémité il y a les manœuvres d'approche. Dans *Biba* on nous explique que « les dragues douces, ça marche ». Ouf ! *Jacinte* ne prend pas le risque de heurter ses jeunes lectrices et, à l'occasion d'un sondage, leur renvoie leur propre image, très valorisante, sous le titre « La génération des fonceuses ! ». On se verra aussi bientôt dans le miroir de *Cosmopolitan* qui lance un questionnaire : « Que pensez-vous des hommes d'aujourd'hui ? A vous de nous le dire, page 153. » La prochaine fois elles achèteront toutes le journal pour savoir ce qu'elles pensent et s'assurer que les autres pensent bien comme elles.

*
* *

Ça pesait quoi, ce tas de magazines ? Cinq kilos, au bas mot. Et on en avait oublié... Le résultat est là : au départ on se sentait un homme un peu flapi et, à l'arrivée, les doigts pleins d'encre, on se demande si on n'est pas en train de devenir une jeune femme en pleine forme. C'était bien la peine...

BRUNO FRAPPAT
Journaliste au *Monde*.

ÉCHOS

entretien avec
MICHÈLE FITOUSSI
Journaliste

Autrement. - Tu es responsable de la rubrique « L'œil sur eux » dans le journal *Elle*. Sur qui jettes-tu un œil ?
Michèle Fitoussi. - Sur des gens connus, des stars de cinéma, de télévision, des designers, des stylistes de mode, tous ceux qui font l'actualité au moment où la rubrique sort. C'est très subjectif, je passe les gens que j'aime selon l'humeur du moment. C'est une rubrique d'échos. Il y a aussi les gens peu connus que j'ai envie de faire découvrir parce qu'ils sont représentatifs de l'époque.

As-tu l'impression de poser sur eux un regard inquisiteur ?
Oui, par définition le regard du journaliste est inquisiteur ; c'est évident.

Que cherches-tu à savoir lorsque tu les questionnes ?
Cela dépend du papier. En général ce sont les détails de la vie quotidienne : Avez-vous des enfants ? Combien ? En voulez-vous ? Quel est votre hobby ? Si je fais un petit portrait je ne vais pas leur poser des questions graves sur la vie, l'amour, la mort. Je vais chercher le détail comique, s'il vient d'une famille de douze enfants ou s'il vit avec quatre femmes et trois chats, ce qui sort de l'ordinaire, c'est le détail sur lequel je vais frapper.

Ce détail qui sort de l'ordinaire, est-il toujours intéressant ?
Non, pas forcément, ça va être mon accroche. Mon but, c'est de distraire les gens, de les faire rire cinq minutes. Pour un article plus long, je poserai bien sûr des questions plus profondes.

Prenons l'exemple de Fanny Ardant que tu as interviewée il y a environ deux ans.
Je sais qu'elle adore la littérature, alors je l'ai lancée sur le sujet. A l'époque, elle attendait un bébé, Truffaut était malade, elle vivait avec lui mais ne voulait pas le dire. C'est un jeu assez compliqué ; tout dépend de la personnalité du journaliste. Moi, je ne suis pas une fouille-merde. A partir du moment où je sens le veto, dit ou tacite, je n'ai pas envie d'aller plus loin ; pour moi il y a le respect de la personne en face de moi.

Et la tentation de faire un scoop ?
Ça ne m'intéresse pas. Et est-ce un scoop de dire que Fanny Ardant vit avec Truffaut ? Je laisse ça à *Match*.

Reprenons l'exemple de Fanny Ardant. Tout le monde ne connaissait pas sa vie privée ; il y avait de quoi satisfaire la curiosité des lectrices, et tu n'en as rien dit ; pourquoi ?
Au départ elle m'avait prévenue qu'elle refusait qu'on en parle. Elle l'a dit explicitement ; mais c'est aussi un *feeling*. Tu sens une femme désemparée, enceinte de sept mois, Truffaut venait d'avoir son attaque, on n'a vraiment pas envie de l'emmerder avec ces questions.

Est-ce ta façon personnelle de réagir, ou bien est-ce fréquent dans la profession ?
C'est ma façon de réagir. Mais attention, il y a des personnalités qui s'y prêtent totalement, pour qui la vie publique et la vie privée se confondent, et qui racontent tout.

Quelle différence fais-tu entre la vie privée et la vie intime de tes interlocuteurs ?
La limite qu'eux-mêmes posent. Il faut le saisir, le sentir ; et puis les gens ne répondent et ne font que ce qu'ils veulent bien.

Il y a tout de même des journalistes qui pratiquent couramment le viol de l'intimité.
Ça n'existe pas ! *France-Dimanche,* par exemple, a rarement des procès ; ils annoncent avec grand fracas ce que les gens donnent bien volontiers. Souvent ils mettent eux-mêmes leur propre histoire en scène. Généralement, il y a un accord avec le journal. Il y a plusieurs journalismes ; personnellement, je n'irai pas traquer Chantal Nobel à sa sortie d'hôpital.

Quelle est ton opinion sur ce journalisme-là ?
Je n'en ai pas. Ce n'est pas ce que j'ai envie de faire. Mais il y a des lecteurs pour ça, alors pourquoi pas. Pour moi il y a des limites morales, même si je sais parfaitement qu'il existe un jeu assez truqué entre le journaliste et la star ; c'est un peu le jeu du chat et la souris. Il y a des tractations souvent longues, mais jamais de viol.

Il y a plusieurs façons de violer.
Non, quand c'est consentant ça n'est plus du viol.

Les vedettes sont-elles exhibitionnistes ?
Bien sûr ! Mais ce qu'elles acceptent de montrer varie selon les cas ; certaines considéreront que montrer leur cul ce n'est pas intime et que parler de l'homme avec qui elles vivent, c'est intime. L'intime n'est pas le même pour chacun. Il y en a qui me raconteront leurs vingt-six avortements comme on allume une clope, et d'autres comme Huppert ou Adjani qui refuseront de faire photographier leurs enfants. En général, les gens sont très réservés sur leurs enfants.

Penses-tu que les stars doivent payer un tribut en livrant des parts secrètes d'elles-mêmes au public ?
Oui, absolument. Deux possibilités : soit la star ne joue pas le jeu en refusant toute photographie ou interview d'elle, comme Garbo ; mais ça ne fait qu'entretenir le mystère. Soit elle a besoin des journaux pour faire sa promotion, et là elle joue le jeu ; à partir de ce moment, elles sont obligées de livrer des choses en pâture au public.

Est-ce qu'il t'est arrivé d'outrepasser à tes yeux ton rôle de journaliste ?
Non, jamais. Il m'est arrivé qu'un climat de confiance s'établisse, favorisant des confidences très intimes, et que la personne me demande de ne pas les révéler. Là je respecte ; je rentre au journal en disant : « Voilà, j'ai une très bonne interview, simplement je ne peux pas la passer. »

Après plusieurs années de journalisme, es-tu toujours curieuse des gens que tu interviewes, ou bien ressens-tu une certaine usure ?
Parfois j'aimerais interviewer d'autres gens que des stars ; c'est pour ça que j'aime faire parler des gens peu connus qui vont raconter leur métier, ce qu'ils réalisent et non pas leur vie privée. Les états d'âme, c'est parfois épuisant, et ce sont souvent des lieux communs. La moyenne d'intelligence chez les vedettes est semblable à la moyenne générale et on ne passe pas son temps à demander à X ou à Y ses états d'âme !

Il y a deux ans, tu as été photographiée dans *Elle* ainsi qu'une autre journaliste avec vos enfants, donc dans votre rôle de mère. Tu as donné une vision de ta vie privée, alors que ton métier consiste à jeter un œil sur celle des autres.
C'est très différent ; dans un jour-

nal comme *Elle,* il y a une relation de confiance qui s'établit avec les lecteurs. Ils m'écrivent, commentent les articles, le journaliste n'est pas anonyme. La photographie dont tu parles est minime comparée au culte des journalistes vedettes comme Ockrent par exemple. C'était un clin d'œil, une photo gag ; il y avait nos trois bébés, soixante-dix biberons et autant de couche-culottes et de petits pots. On disait, nous sommes deux à faire cette rubrique, et en deux ans nous avons eu trois enfants. C'est une sorte de trait d'union avec les lecteurs.

En tant que lectrice potentielle de *Elle,* ça ne m'intéresse pas de savoir que toi journaliste as eu un, deux ou x enfants.
Alors tu n'achètes pas le journal ; tu es libre de ne pas l'acheter.

As-tu du respect pour tes lecteurs, et pour ceux qui se délectent des photos de Chantal Nobel sortant de l'hôpital ?
Je respecte mes lecteurs ; ce sont eux qui me font vivre. Les autres, ce n'est pas mon problème.

Qu'est-ce qui fait d'après toi la différence ou le point commun entre le reporter journaliste, et l'inquisiteur fouille-merde ?
La carte de presse.

propos recueillis par
NICOLE CZECHOWSKI

CLICHÉS

entretien avec
PHILIPPE AUBÉGÈS
ancien paparazzo

PHILIPPE AUBÉGÈS A ÉTÉ *PAPARAZZO* PENDANT QUATRE ANS. IL EST ACTUELLEMENT PHOTOGRAPHE DE MODE.

Autrement. - Comment êtes-vous devenu paparazzo ?
Philippe Aubégès. - En 1980, je travaillais comme laborantin dans une agence connue pour ses *paparazzi*, pour laquelle je faisais aussi des *close-up* avec des comédiens. Je gagnais 2 000 francs par mois, 1 500 pour les close-up. Un jour on m'a dit : Suis cette personne, et tu gagneras beaucoup d'argent. C'était Philippe Junot (le premier mari de Caroline de Monaco).

Vous saviez ce que vous attendiez ?
Quelque chose d'important allait se passer. Et un jour, je le vois embrasser une femme superbe dans la rue. La photo est sortie dans *Bild Zeitung* le samedi matin, et le samedi soir, à 10 heures, le cabinet du prince Rainier annonçait le divorce de Caroline... Je ne sais pas si c'est à cause des photos, je ne pense pas...

Pourquoi avez-vous continué par la suite ?
J'avais goûté à l'argent : ça représentait quatre mois de travail... A 21 ans, c'est agréable d'avoir pas mal de fric ; et c'était quand même un moyen facile d'en gagner. Je ne sais pas combien vous gagnez, mais si demain vous aviez un million pour avoir appuyé sur un déclencheur...

Pour les autres paparazzi, les motivations étaient les mêmes ?
Oui, essentiellement le fric. Après deux ans, j'ai continué seul, j'avais quatorze correspondants dans quatorze pays, qui me représentaient en exclusivité.

Qu'est-ce que vous aimiez dans ce que vous faisiez ?
Le côté chasse ; trouver une intrigue chez quelqu'un qui apparemment ne s'en doute pas du tout, lui découvrir une personnalité différente de celle que les gens lui supposent.

On prend plaisir à cette chasse ?
Je ne dis pas qu'on prend plaisir à le faire, c'est tellement dur, sale et terrible nerveusement ; sur le moment, ça a même un côté très bestial. Mais après, quand vous amenez ces photos-là et que vous passez pour un dieu parce que vous avez réussi un *scoop*, c'est follement envoûtant, on se sent un surhomme. On se sent en pleine euphorie quand on réalise une photo et qu'on sait qu'elle vaut beaucoup d'argent.

Quelles photos importantes avez-vous prises ?
Celle de Junot, une de Sophia Loren avec un dénommé Étienne Beaulieu, une photo de Caroline de Monaco avec Bobby Schriver... C'était le premier homme important après son divorce, et j'avais réussi à prendre — ça rime à tellement peu de chose, c'est marrant — leur premier baiser : tout

le monde connaissait cette liaison depuis six mois, mais personne n'avait réussi à les coincer. La plupart du temps, ça a été sur des affaires de cœur.

Entre une photo drôle, une situation exceptionnelle, et une photo plus banale mais plus secrète, qu'est-ce qui marche le mieux dans les journaux ?
La photo intime. Un exemple : un jour j'ai pris des photos du mari de Caroline avec sa voiture de course dans un ravin, lors d'un rallye, ça n'a rien rapporté.

Et selon vous, que recherche le public dans ces photos ?
Il a envie de vomir sur ces gens-là qui ont la vie si facile. Ça lui fait plaisir quand ils ont des problèmes.

Prenez-vous le goût du public en considération ?
Non, je n'avais pas de rapport avec le public, mais avec le système qui m'employait. C'est moi qui évaluais le prix des photos.

Selon quels critères jugiez-vous que l'une d'elles était exceptionnelle ?
C'est impalpable ; cela dépend du moment, des difficultés qu'on a eues à la prendre. J'ai fait par exemple une photo de Romy avec son fils David — qui est mort par la suite — où ils se regardent dans les yeux, et un tel bonheur se dégage d'eux... Tout le monde avait fait cette photo de la mère et du fils, mais celle-là exprimait tellement de choses, elle avait une atmosphère. Une photo importante sait montrer l'intimité entre deux personnes, dans le bonheur ou le malheur ; elle fait sortir la profondeur des gens.

Faut-il être voyeur pour être paparazzo ?
Il y a les premiers voyeurs, les photographes, et les derniers, les lecteurs des journaux.

Aviez-vous pour ceux que vous pourchassiez les mêmes sentiments que le public ?
Non. Les paparazzi sont prêts à tout pour réussir leurs photos, mais ils ne sont pas conscients du mal qu'ils peuvent faire.

On a quand même l'impression de violer une intimité ?
Oui, mais on se déculpabilise très vite en se disant qu'il n'y a pas de problème, que c'est le système qui est responsable. On n'a qu'une idée dans la tête quand on suit quelqu'un : il faut le coincer.

Il y a un rapport de domination ?
Oui, c'est aussi maîtriser les gens qui ne font pas partie de notre monde, qui sont inattaquables. En même temps, avec certaines personnes, c'est vraiment un jeu, un jeu vicieux.

Ils savent qu'ils sont suivis ?
Prenez la famille de Monaco. Ils savent qu'au moindre écart ils seront photographiés. Alors ils font des détours qui ne mènent nulle part, puis soudain ils font demi-tour en courant pour voir qui les suit.

Et alors, que se passe-t-il ?
Ça dépend. La meilleure tactique, c'est d'aller voir le photographié et de discuter avec lui. Ça m'est arrivé plusieurs fois, et je me suis retrouvé bloqué, dans une position tellement dégueulasse...

Ils vous faisaient honte ?
Complètement. Ils arrivaient à me culpabiliser.

Vous vous rendiez compte à quel point vous étiez oppressant ?
Pas à l'époque. J'ai quand même eu un choc avec Caroline, une fois. On était tous après elle pour connaître « le nouveau », après son divorce. N'importe quelle photo d'elle valait de l'argent. Un jour, elle allait à une soirée avec Robertino Rossellini, et je me suis

retrouvé avec elle derrière la porte cochère qu'elle venait de passer. Elle m'a pris par le coude et comme je ne voulais pas lui remettre mon appareil, elle a éclaté d'une crise de larmes. A l'époque, elle devait avoir l'impression que même quand elle dormait, il devait y avoir des téléobjectifs braqués sur elle.

N'aviez-vous pas avec Caroline une sorte de rapport affectif ?
Peut-être, peut-être. J'avais pour elle une sorte de haine « familiale » parce que son père me faisait procès sur procès, et il avait raison ! Mais il y a quand même une certaine familiarité entre elle et les photographes qui la suivent, elle connaît leur nom, et à certains moments de la traque on se trouve visage contre visage. Moi, j'étais un de ceux qu'elle n'aimait pas, j'étais tout le temps derrière elle, c'était l'horreur ! Quand elle allait dîner au restaurant, je m'y trouvais avant elle !

Pourquoi avez-vous arrêté ?
Un jour, je ne me suis pas reconnu dans la glace. Ça m'a dégoûté d'être aussi attaché au fric, à ces petits problèmes qui n'étaient pas les miens. J'ai eu envie de me réaliser plutôt que de réaliser les fantasmes des autres.

Y a-t-il une photo que vous regrettez de n'avoir pas pu faire ?
(Rire) Non, j'en ai fait beaucoup trop.

propos recueillis par
CLAIRE TEILLARD D'EYRY

Se livrer, se tenir à distance, s'absenter ; comment se situe l'écrivain par rapport à son œuvre ? Se dévoile-t-il plus dans le journal intime ou bien dans la fiction ? Autant de questions qui posent le problème de la — ou des — fonctions de la littérature et de la place de l'écrivain dans son texte.

*« Seul celui qui est sans pudeur est capable de se saisir des phrases, de les déballer et de les jeter tout simplement sur le papier, seul celui qui est sans pudeur est authentique ». La position qu'exprime là Thomas Bernhardt n'est pas partagée par tous. Michèle Manceaux (*Écrire à la première personne, *p. 191) et Alain Finkielkraut (*Épanchements subjectifs, *p. 195) donnent chacun leur sentiment sur cette question.*

MICHÈLE MANCEAUX

ÉCRIRE À LA PREMIÈRE PERSONNE

J'ai été longtemps « reporter », j'allais dans des pays, je rencontrais des hommes et des femmes, je racontais ce qui s'était passé, ce qui s'était dit.

Puis, pour des raisons politiques, on ne m'a plus envoyée nulle part. Je n'avais plus rien à raconter. Plus rien que ma propre histoire. Je l'ai écrite en désespoir d'une meilleure cause, sous le titre de *Grand Reportage*. J'écrivais naturellement comme une journaliste ce reportage intime. Je cherchais le plus intime, pour me trouver au plus près de l'événement comme j'étais accoutumée de le faire professionnellement. Puisque je m'intéressais à un sujet — moi, en l'occurrence — autant que le sujet « accroche ». Je fouillais donc ma vie, mes sentiments, je ne voulais rien cacher. Mais je m'apercevais que le sujet m'échappait. Que cet intime, une fois écrit, gardait à mes yeux une étrangeté surprenante. C'était mon histoire, c'était moi, mais avec tant de lacunes, tant de non-dit, que je me sentais être une autre personne que celle dont je rapportais les émotions.

A propos de son personnage de *La Nausée*, Sartre dit : « Roquentin, c'est moi, mais je triche, car Roquentin n'écrit pas et moi, je suis celui qui écrit Roquentin. »

Différence capitale ! La différence entre le texte du journal intime et l'auteur de ce journal est telle que le journal intime est loin d'être ce que l'on croit généralement : un monument de complaisance et d'impudeur.

Ceux qui parlent d'impudeur m'étonnent. Je suis toujours ailleurs que là où je vois, observe, écris. Celle qui est sur le papier est une autre. Ce n'est pas la première fois que l'on remarque que « je est un autre », mais sur le papier, on a la preuve de cette dichotomie. Plus j'écris à la première personne, plus même je m'aperçois que l'autre, au lieu de se rapprocher, s'éloigne.

Comme si l'intime restait inatteignable, comme s'il y avait toujours un au-delà de l'intime. Cocteau écrivait : « Au-delà des aveux, commencent les mystères. » Il disait aussi : « Un écrivain est toujours impudique. Ou bien il n'est pas écrivain. L'impudeur est notre héroïsme. »

Pour moi, les notions de pudeur et d'impudeur, en ce qui concerne l'écriture, n'ont pas de sens. On me demande, par exemple, avec un ton qui masque mal l'effroi ou l'indignation : « Mais comment votre compagnon supporte-t-il que vous révéliez votre intimité, donc la sienne ? » A cela, je pourrais répondre : « Mon compagnon sait tout ce qui n'est pas dit. Il se sait lui aussi, un autre que celui qui est décrit. » Mais je me tais pour ne pas parler à sa place. Là encore, il y a une différence capitale, celle qui distingue la parole de l'écrit. Je peux écrire à son propos, je ne peux pas parler en son nom.

CHAQUE MOT EST ENGAGEANT

L'écrit ne colporte pas de fausses confidences ou de mauvais ragots. Au contraire, il sacralise. Ce qui est écrit, l'est pour toujours sous une forme précise et ne sera pas rapporté de travers. Ceux qui dénoncent l'indiscrétion du journal intime se trompent de cible : c'est le plus souvent la parole quotidienne et anodine qui transmet l'indiscret.

Quelqu'un qui écrit à la première personne n'écrit pas n'importe quoi. Il sait que chaque mot l'engage, il tourne sept fois sa plume dans l'encrier avant de marquer à jamais le papier. On souhaiterait même qu'il soit plus impudique. Plus il révélera sa spécificité, plus il touchera l'universel.

Mais celui qui s'expose n'expose que ce qu'il a décidé d'exposer. Il ne se trahit pas, il se compose. En lisant un journal intime, on découvre moins la personne intime de l'auteur qu'en lisant un roman où l'écrivain se laisse aller sans retenue, et prête aux personnages et aux situations, ses penchants les plus inconscients.

Le roman dévoile du non-dit. Le journal intime se garde de tout dire. La sexualité par exemple, on s'y adonne dans les romans, on y délire. Dans les journaux intimes, on allusionne parfois, on code comme Stendhal ou Samuel Pepys, on reste finalement contraint. Le journal intime ne présente aucunement la liberté du roman.

Le journal intime serait le travail de l'artisan qui fait du mieux qu'il peut, qui raffine le détail et fabrique ce qu'il a décidé de produire, tandis que le roman serait l'œuvre de l'artiste qui ne sait ni ce qu'il fait, ni ce qu'il cherche et ne reconnaît pas son œuvre. L'artiste est stupéfait par son œuvre. Je doute que le diariste soit surpris par son journal intime.

C'est là, où je reconnais à l'auteur du journal intime des mérites qu'on ne lui attribue pas d'ordinaire. Au lieu de se libérer du présent et de lui-même par l'écriture comme le romancier, l'auteur du journal intime fait état de ses peines, ressasse et dissèque son étroit univers. S'il le fait, il y trouve son compte. Mais quel gagne-petit ! Au nom de quoi, le fait-il ? Plaisir narcissique, dit-on. Pas sûr, si l'on en juge par les réactions des lecteurs à l'écriture à la première personne.

Le journal intime publié suscite un courrier massif et reconnaissant. Après *Grand Reportage* et *Brèves,* les lecteurs ne m'ont pas accusée de narcissisme. Ils m'ont écrit principalement sur deux thèmes :

1. « Vous êtes mon double, ma sœur, mon "je", un autre moi-même. »

2. « Vous dites ce que je n'ose pas dire. Vous me montrez que je ne suis pas seul. Vous me sortez de la solitude. »

LES SAVEURS DE LA BANALITÉ

Ce premier thème m'effare. Je ne suis pas le double du lecteur qui m'écrit, je ne me reconnais pas en lui. Je suis gênée par les lettres des autres « moi-même ». En revanche, les lecteurs qui se sentent moins seuls après avoir lu mes histoires personnelles me font plaisir. Un plaisir plus amical, plus solidaire que complaisant. J'écris ce que je sens, ce que je sais de mon intimité dans un souci de fraternité. Je me montre banale dans l'espoir que tous ceux qui jugent leur vie banale comprennent que la banalité n'est pas une pauvreté. En somme, je ne fais que donner à goûter les saveurs de la banalité.

En dépit de ce projet modeste et plutôt chaleureux — ce qu'une lectrice de dix-neuf ans appelle joliment l'écriture-passerelle (« Je suis troublée de lire tant de phrases que j'aurais pu ou voulu écrire. Je crois que ce n'est pas simplement une écriture pour soi, quand on arrive à découvrir ses liens avec une humanité qui n'arrive pas à se comprendre »), le journal intime irrite. Qu'a-t-il celui-là (ou celle-là), à se croire plus intéressant que les autres ? Sa sincérité nous écœure. Qu'en avons-nous à faire de cette amitié qu'il nous jette à la figure ? Des réactions d'une violence inattendue se font jour, même chez des proches. Comme cette « amie » qui téléphone : « Je n'ai pas lâché ton livre, je l'ai lu d'une traite du début à la fin. Mais après, je me suis demandé : Pourquoi écrire tout ça ? » Pourquoi, oui ? Elle donne elle-même la réponse : pour que le lecteur le lise d'une traite du début à la fin. Alors pourquoi cette lectrice était-elle donc si mécontente au fond, de s'être laissé prendre ? Avait-elle l'impression d'avoir regardé là où elle avait peur de voir ?

La bonne éducation conseille de se taire : Il y a des choses qui ne se disent pas (lesquelles ?). Bref, le journal intime enfreint des préjugés. Il s'oppose aux règles bourgeoises : omission et silence. Ce en quoi, il est, par essence, subversif. Ce en quoi, il déplaît, par sa nature même, aux tenants de l'ordre. Les auteurs de journaux intimes sont toujours des marginaux — ils se regardent en marge. Ils examinent en eux, le « je » toujours porteur de révolte, que la société parvient plus ou moins à domestiquer. Même si le statut d'écrivain les protège, ils osent avouer leurs turpitudes. Rousseau avoue qu'il a laissé accuser une femme de chambre d'un vol qu'il a commis. On lui en veut non seulement de son audace, il avoue ; mais de surcroît, de son impunité. L'écrivain exagère, il se croit tout permis. Dans le mépris du journal intime, il y a peut-être le refus de ce scandale-là. Alors, on traite le révélateur de l'intime de Narcisse, on le rabaisse, on le rappelle à l'ordre. On le prie de se tenir à l'ombre : comme tout le monde. On lui dit : « Mais comment supportez-vous mon regard, maintenant que je sais tout ça sur vous ? »

In petto, dans son intime, il sourit : « Mais vous ne savez que ce qui est écrit. Je ne vous ai pas fait de confidences. Quand on s'adresse à tous, on ne fait pas de confidences. »

Le journal intime est le contraire de la confidence. Le contraire aussi, comme on le croit souvent, d'une psychanalyse. Le diariste se soulage peut-être en écrivant, mais il n'écrit que ce qu'il connaît. Il ne débusque pas l'inconscient. Il reste en son for intérieur. Autrement dit, le journal est sa forteresse.

Beaucoup d'écrits intimes n'ont néanmoins qu'une fonction thérapeutique pour leurs auteurs. Journaux adolescents ou désespérés qui, en dépit des tourments décrits, n'émeuvent pas. Comme dit Michel Leiris, qui n'a jamais écrit qu'à la première personne : « Il faut encore trouver le ton juste, celui qui transforme la confession en autre chose qu'un déballage. » Alors enfin et toujours, ce qui compte n'est pas l'intime mais le style.

MICHÈLE MANCEAUX

Écrivain. *Voyage en Afrique de Lara Simpson*, Le Seuil, 1985 ; *Brèves*, Le Seuil, 1984.

ÉPANCHEMENTS SUBJECTIFS

entretien avec
ALAIN FINKIELKRAUT

L'un des personnages de *L'Insoutenable Légèreté de l'Être* déclare qu'« elle méprise la littérature où l'auteur révèle toute son intimité et celle de ses amis ». Je partage son mépris et je crois que c'est également l'opinion de Kundera. Parfois il faut instaurer une distance entre l'auteur et son œuvre, mais dans ce cas précis on peut dire d'après d'autres déclarations de Kundera qu'il exprime là son propre point de vue. A cet égard, il s'inscrit en faux par rapport à la tendance autobiographique, majoritaire dans la littérature française actuelle.

L'œuvre de Kundera est d'une extrême importance parce qu'il ne situe la littérature ni dans la confession ou l'épanchement subjectif, ni dans le fétichisme du langage ou de l'écriture. Il y a deux voies dans lesquelles s'est engouffrée la littérature française : la voie autobiographique ; on s'exprime, on se dévoile, on se divulgue, on énonce des secrets, l'auteur passe aux aveux complets ; et la deuxième voie, c'est celle de l'absolu littéraire, l'œuvre parlant de l'œuvre, la littérature devenant à elle-même son propre objet. L'écriture d'une aventure est remplacée par l'aventure d'une écriture.

Tout cela, me semble-t-il, Kundera s'y oppose et c'est ce qui fait l'importance de son œuvre. Comme Hermann Broch, il pourrait dire : « Celui qui se contente d'interjections subjectives n'est pas artiste, n'est pas poète. La confession n'est rien, la connaissance est tout. »

La littérature est un moyen de connaissance, d'investigation du monde, et un moyen presque supérieur à d'autres. Le philosophe est prisonnier d'un système, d'une pensée, alors que le romancier peut envisager la réalité dans sa pluralité contradictoire. Il est délivré du dogmatisme.

Aujourd'hui, ériger l'intimité en valeur littéraire constitue une régression par rapport aux possibilités de la littérature qui s'exprime le mieux lorsqu'elle a coupé le cordon ombilical avec l'autobiographie. Kundera est pudique non pas dans ce qu'il a écrit, il n'y a pas de sujets qui lui paraissent interdits, mais dans la mesure où il n'aborde pas ces sujets sous l'angle unique de son propre « je ». Il y a une multitude de « je » possibles que l'imagination du romancier, ses capacités de connaissance, peuvent investir, ce qu'il appelle « les egos expérimentaux ». Selon lui, l'angle de perception du réel donné par l'autobiographie est pauvre. Et s'il intervient en première personne, c'est une intervention ludique.

La présence de Kundera dans son œuvre est celle du romancier du XVIIIe siècle, c'est la présence de Diderot dans *Jacques le fataliste* ; c'est une manière de rompre avec l'illusion réaliste, par jeu d'abord, et pour rappeler que le roman n'a pas pour seule vocation de nous enchanter en nous racontant des histoires, mais de nous faire connaître le monde. Cette connaissance n'est pas de l'ordre de la représentation pure, de l'imitation du réel. C'est une exploration de l'existence, qui utilise à la fois les ressources de la philosophie (l'auteur parle en première personne), et celle du roman (qui dissout le dogmatisme inhérent à toute philosophie).

Pesanteur *et* légèreté.

propos recueillis par
NICOLE CZECHOWSKI

« LE FANTÔME DE SARTRE M'A CASSÉ LE BRAS ! »

entretien avec
ANNIE COHEN-SOLAL
Écrivain, auteur de *Sartre* (Gallimard, 1985).

PARFOIS LE BIOGRAPHE S'ATTAQUE À UN SUJET SI LOURD QUE SON « HÉROS » ENVAHIT SA VIE QUOTIDIENNE ET QUE LE SOUVENIR DU « GRAND HOMME » PÈSE DU POIDS TROP LOURD DE L'INTIME.
C'EST COMME S'IL ÉTAIT LÀ, EN CHAIR ET EN MUSCLES, SON ODEUR, SON PAS DANS LE COULOIR, SA VOIX PRÉCISE. C'EST COMME SI SON FANTÔME PRENAIT L'AUTOBUS AVEC VOUS.
ANNIE COHEN-SOLAL VIENT DE PLONGER EN SARTRE PENDANT PLUS DE QUATRE ANS. ET SARTRE N'A PAS L'AIR DE VOULOIR LUI LÂCHER LA MAIN.

Annie Cohen-Solal. - Il y a l'œuvre de Sartre, mais il y a aussi l'*entreprise* Sartre. Son travail littéraire, ses comportements politiques et personnels forment un tout. Sartre fonctionnait en groupe, et s'il a lutté contre la famille traditionnelle, il a construit, avec Simone de Beauvoir, une contre-famille. La vie de ce groupe est importante pour les textes de Sartre. D'ailleurs, Sartre a donné des modèles culturels et influencé les comportements quotidiens de plusieurs générations. On ne peut donc pas traiter l'œuvre de manière sèche, indépendamment du contexte personnel, intime...

Autrement. - Jusqu'où peut-on aller dans cette connaissance parallèle de l'œuvre ?
Jusqu'au bout. Un biographe doit tout savoir mais il doit rester pudique. Tout dire, ce n'est pas nécessairement faire de la retape avec des histoires croustillantes.

La biographie les rencontre, ces histoires croustillantes ?
Plus ou moins. Je n'ai pas posé de questions qui les provoquaient. Les témoins me disaient ce qu'ils avaient envie de dire.

Où commence réellement l'intime ?
Un sociologue américain qui s'appelle Goffmann parle de la « transparence » du comportement. On peut parler de celle d'une œuvre. Je crois comme Goffmann qu'on dit tout de soi, qu'on se trahit tout le temps. Sartre était dans la transparence. Il l'a d'ailleurs revendiquée. Lui et Beauvoir ont toujours tout dit sur leur vie et même au-delà de ce qui était requis. Les *Mémoires d'une jeune fille rangée* ont surpris certains par cette transparence et la liberté de ton. On ne peut pas déclarer qu'il y a du très noble qui est l'œuvre littéraire et du vulgaire qui est le contexte affectif ou intime. Tout est étroitement mêlé.

Parler de l'absence du père, dire que Sartre a été élevé par sa mère et son grand-père, est-ce que cela a une portée réelle ?
Absolument. C'est le fondement même de toute la vision du monde de Sartre. Quand il dit : « Je suis seul, sans racines, sans

héritage, l'individu est seul », la philosophie du sujet est là. C'est le sens même de toute l'œuvre sartrienne, dès *L'Être et le Néant.* Jean-Paul Sartre raye de la carte ce pauvre Jean-Baptiste (le père de Sartre) de manière tellement radicale, que cet acte d'exclusion semble le fondement de tout le reste.

Sartre, c'est un individu les mains dans les poches, sans passé et sans héritage. Il a dit : « Je n'ai jamais été commandé, ça a influencé ma perception du monde. » La première fois qu'il a reçu un coup de pied au cul, c'était dans un camp de prisonniers en 1940. Il avait 35 ans. Auparavant, il n'avait jamais été opprimé par une autorité. Jamais. C'est un élément considérable dans la constitution d'une personnalité.

Il y a un très grand intérêt à retrouver la personnalité et l'intimité de Jean-Baptiste. Sartre a détesté la France profonde, la France rurale, la France des notables locaux, celle de son père. Il a toujours dit : « J'ai horreur de la chlorophylle », et il n'a jamais pris la peine d'y consacrer plus d'un paragraphe. Mais il allait en vacances en Dordogne jusqu'à l'âge de trente ans. Et plus d'un mois par an. Son oncle était une espèce de rural grippe-sous et analphabète : Sartre a aussi haï tout cela parce qu'il le connaissait bien.

L'analyse interne de l'œuvre s'enrichit du travail de la biographie. Et la ville de Bouville dans *La Nausée* n'est pas seulement comme on l'a dit, Le Havre où Sartre était enseignant, mais aussi ce Thiviers, berceau paternel.

On ne sent, chez Sartre, aucune intimité avec la nature, aucun sentiment du « cosmos », aucune symbiose avec les arbres, les saisons...

Je ne veux pas me placer dans une perspective psychanalytique mais c'est une attitude qui s'est formée depuis la plus petite enfance. Quand Simone de Beauvoir adorait, sac au dos, faire de grandes marches en montagne, Sartre revendiquait la ville, le fait d'être citadin.

Vous êtes « entrée » dans l'intimité de Sartre. Quel effet cela fait-il ?

En fait, il m'a fallu pénétrer dans une famille qui est comme toutes les familles. Avec des passions, des hauts et des bas, des querelles, des cycles. D'autre part, j'avais rencontré Sartre plusieurs fois quand j'avais vingt ans, j'avais connu l'individu (je sais donc ce que c'était que Sartre recevant une étudiante : quelque chose d'unique, un monsieur qui ne se prenait absolument pas au sérieux) mais je n'ai pris aucune part dans les querelles familiales après sa mort et j'ai bien prévenu chaque partie que j'irais voir tout le monde.

Sartre a dit, à propos de son *Flaubert* : On entre dans un mort comme dans un moulin, et s'il disait ne pas aimer les journaux intimes, il a pourtant écrit les *Carnets de la drôle de guerre.*

Et l'intimité du biographe avec son « héros », Annie Cohen-Solal, quelles conséquences a-t-elle eu sur vous ?

Mon travail a commencé par une enquête, donc par des rencontres avec les témoins. Certains avaient l'impression d'être violés et c'était très pénible mais moi, j'avançais de façon un peu naïve, sans idées préconçues. Peu à peu l'emprise de Sartre sur ma vie quotidienne devenait de plus en plus grande. Et bientôt elle fut quasiment insupportable. Je me souviens d'un rêve : à une table d'un dîner avec Sartre, mon père qui était mort, Arlette la fille de Sartre, et d'autres amis. Sartre devenait une espèce de monstre qui régissait ma vie. Pendant quatre ans, je n'ai lu que des livres dans l'édition où il les lisait. Même maintenant, il m'est très difficile de m'en défaire : je le retrouve partout ! En plus il s'est intéressé à tout : à la musique, à la peinture et j'ai l'impression qu'il exerce une espèce d'impérialisme sur ma vie.

Quand j'ai attaqué *Les Mots,* il m'est arrivé une aventure curieuse. J'étais totalement bloquée, face à ce chef-d'œuvre qui raconte dix années d'enfance. Je cherchais les failles, les manques. Bêtement, je mettais le texte à plat et quand tout à coup j'ai trouvé quelques erreurs de date, des incohérences dans les déménagements, etc., j'ai été très contente. Et puis, un jour en prenant le bus de Montparnasse à Saint-Germain je pensais que c'était Sartre, en personne, qui m'empêchait de travailler : il ne voulait pas. Alors le bus est arrivé devant l'église. Je la regardais et je me suis cognée très doucement en descendant. C'était incroyable, ma main droite était fracturée ! Je me suis toujours dit : « C'est Sartre qui m'a foutu un coup de poing et qui m'a mise KO ! »

On découvre, dans votre livre, un Sartre costaud, sportif, boxeur. Et ça paraît même assez incroyable, quand on pense au Sartre des années 70 qui traînait difficilement ses pieds boulevard Raspail...

Sartre était petit, râblé, sportif et extrêmement puissant. Il avait une main très musclée. Déjà à l'École normale il faisait de la musculation, de la lutte au sol, de la lutte à main plate. Il impressionnait les autres étudiants en faisant le grand soleil autour de la barre fixe. A Berlin, il faisait beaucoup de natation. Il aimait bien que son corps fût en forme. Tout le monde parle de cette puissance physique qu'il dégageait.

Comment vous situez-vous par rapport aux témoins directs, à ceux qui ont déjà parlé de Sartre ? D'un Sartre qu'ils ont connu intimement ?

J'ai aussi recueilli les témoignages de ceux qui n'ont pas pris la plume et qui ne la prendront jamais et qui ne répondront jamais à des interviews. Des gens très proches de Sartre qui m'ont parlé.

Quelqu'un qui vivait avec vous ces dernières années, vivait aussi avec Sartre...

Tout à fait. Nous étions trois dans le lit.

Sartre a fait ce qu'on a appelé « l'expérience de la mescaline ». Était-ce un jeu un peu littéraire ou bien un vécu réel ?

Sartre allait jusqu'au bout de ses folies. Une des périodes les plus dures de sa vie ce sont les années 35-37 : rien ne marchait. Il n'arrivait pas à se faire publier, il n'avait pas d'identité d'écrivain, même pas d'identité sociale. Il avait des échecs amoureux. Il était prof de philo en province, ce qu'il détestait le plus au monde. C'était une vie ratée. Il a fait l'expérience de la mescaline par intérêt intellectuel et ça a duré très très longtemps. Toute cette vision des « crabes », etc., a été fondamentale parce que c'est la période la plus littéraire de sa vie. Sartre rencontrait pour la première fois les marges sociales : c'est comme s'il explorait. Il s'intéressait à tout ce qui est pathologique, les sexualités étranges ; il allait même dans les hôpitaux psychiatriques. Il était fasciné par le morbide, et fut même si déprimé qu'il pensa au suicide à cause d'une passion amoureuse. Cela donnera les textes du *Mur* qui ont une force extraordinaire. Mais à partir de là Sartre ne vivra plus jamais dans cette espèce de folie, cet envers des choses parce que cela commencera à marcher pour lui. Dans cette période de constitution d'identité, la mescaline aura eu pour effet de le marginaliser, de le rendre *« border line »*.

Sartre est un écrivain tardif ?
Il y a eu un décalage entre le projet du petit garçon : être célèbre très jeune, et les efforts terribles qu'il lui a fallu fournir, avec d'ailleurs l'aide fondamentale de Simone de Beauvoir, avant que son manuscrit ne soit accepté chez Gallimard.

Et le Sartre professeur au Havre, vous avez croisé son intimité ?
J'ai rencontré plusieurs de ses élèves. Certains sont restés fanatiques, disent qu'il les a formés. L'un d'eux, par exemple, en est resté passionné par le cinéma et a même créé un ciné-club. Un autre d'extrême-droite, affirmant voter Le Pen, se souvient d'un individu tout à fait suspect, leur apprenant des chansons pornos sur la plage. Un autre encore allait à la boxe avec lui et se souvient d'un coup de poing sur le nez particulièrement fort.

Y a-t-il eu des moments, Annie Cohen-Solal, où vous avez eu envie à votre tour de donner un coup de poing à Sartre ?
Il y a des moments où je me suis sentie asphyxiée mais je n'ai jamais éprouvé d'antipathie pour Sartre.
Quand j'ai commencé mon livre sur Nizan, j'avais un *a priori* de sympathie et j'en suis sortie avec une moue un peu sceptique. Je suis entrée en sartritude, je me suis « ensartrée », si je peux dire, de façon globalement positive, mais sans plus et j'en suis sortie fascinée par l'individu. Il a transformé ma vie.

propos recueillis par
JEAN-MARC TERRASSE
Journaliste

« IL Y A DE GAULLE, IL N'Y A PAS CHARLES »

entretien avec
JEAN LACOUTURE

Journaliste, écrivain. *De Gaulle*, t. I : *Le rebelle (1890-1944)*, Le Seuil, 1984 ; t. II : *Le politique* (1944-1959), Le Seuil, 1985.

ON N'APPROCHE PAS SI FACILEMENT LES GÉANTS, SURTOUT CEUX QUE LA POLITIQUE INSTALLE SUR LA SCÈNE IRRÉELLE DU POUVOIR. LA RÉPUBLIQUE PERMET MOINS QU'ON CONNAISSE SES PRÉSIDENTS QUE LA MONARCHIE SES ROIS. JEU DE CACHE-CACHE OÙ LE PUBLIC ET LE PRIVÉ SE LIVRENT UN PEU LA GUERRE, TANT IL EST VRAI QUE LES TOURS ET DÉTOURS, DÉSORMAIS INÉVITABLES, DE LA SÉDUCTION POLITIQUE CRÉENT LÀ QUELQUES BARRAGES.

LE GÉNÉRAL DE GAULLE NE CESSE À CET ÉGARD D'ÊTRE UN EXEMPLE, LUI QUI LE PREMIER A SU MESURER L'IMPORTANCE DES MÉDIAS. MAIS C'EST AU PRIX D'UNE QUASI-CENSURE, OÙ LE PERSONNAGE ABSORBE LA PERSONNE, IMPOSE SES RÈGLES AU BIOGRAPHE ET RÉSISTE À L'APPROCHE INTIMISTE.

REPLI DU PRIVÉ SUR LE FAMILIAL, QUI ASSURE UNE IMAGE CONFORTABLE (NORMALE) DE LA PLACE QUE LES SENTIMENTS ET LES PASSIONS PEUVENT TENIR DANS LA VIE D'UN HOMME PUBLIC. LE BIOGRAPHE LUI-MÊME RATIONALISE ET AU FIL DES 1 600 PAGES QU'IL VIENT DE CONSACRER À L'HOMME DU 18 JUIN, JEAN LACOUTURE N'AURA PAS RÉUSSI À BOUSCULER CETTE IMAGE, À FRANCHIR CETTE DISTANCE. DE GAULLE RESTERA TEL QU'IL A VOULU ÊTRE : SUR LES SOMMETS...

J'ai eu l'occasion déjà d'écrire des livres à la fois sur des hommes publics et sur des écrivains : parmi ceux-là deux cas d'écrivains sont à la fois très particuliers et très différents : l'un, André Malraux, qui jugeait la vie privée comme « un misérable petit tas de secrets », décourageant à l'avance le travail du biographe. J'ai essayé de le faire, malgré l'interdit, puisqu'il était encore vivant quand j'ai écrit sa biographie. Malraux avait bouché toutes les issues de ce côté. Mais Clara constituait une sorte de brèche, d'autant qu'elle a joué un rôle essentiel dans le développement de la personnalité de Malraux ; ce n'est pas de l'ordre de la vie privée, de l'intime, c'est déjà une création du personnage de la vie publique. L'autre cas, avec Mauriac, était très différent, parce qu'il est immédiatement évident que sa vie intime, privée, familiale ou extra-familiale ont joué un rôle très important dans sa création. Qu'on pense entre autres aux frustrations sexuelles qui sont au nœud même de ses livres. Il m'a donc fallu m'y intéresser, et j'ai pu le faire dans la mesure où j'ai eu accès à sa correspondance grâce à ses fils, à la famille, à ses carnets, non pas les plus intimes, mais assez intimes tout de même.

Donc deux cas très différents et l'un des deux avec lequel je suis entré je crois, avec plus ou moins de succès dans l'intime. S'agissant des hommes publics, j'ai traité essentiellement trois grands personnages : Léon Blum, Pierre Mendès France et le général de Gaulle. Pour Léon Blum, il était clair que sa vie intime importait beaucoup, je ne suis pas sûr pourtant d'avoir apporté beaucoup de révélations sur ce terrain. Je n'ai approfondi que son amitié avec Jaurès et encore insuffisamment. Pour Mendès France, je pourrais faire la même observation, à ceci près qu'il était encore vivant quand j'ai fait mon travail et que s'il a été dans l'ensemble très généreux et ouvert pour ce qui regardait ses origines familiales et l'histoire de sa famille, ou même sa vie publique, j'ai eu un sentiment de frustration pour ce qui regardait sa vie privée, intime. En fait je suis tenu de respecter certains interdits qui constituent évidemment un inconvénient pour l'histoire immédiate que j'écris.

Pour le général de Gaulle, je crois avoir dit tout ce que l'on sait de son intimité et il m'étonnerait que dans cinquante ans on puisse aller plus loin que cela. Dévoué comme il l'était à l'État, aux grandes affaires publiques et d'autre part à sa famille — nous retrouvons là le thème de l'intime —, je ne crois pas que sa vie puisse nous révéler grand-chose de vraiment significatif sur d'autres plans. De Gaulle n'a pas eu d'amis, il a eu des camarades, à Saint-Cyr, dont certains étaient presque des amis comme Gustave Dit ; avec le maréchal Juin il y a eu une sorte de cordialité qui s'est d'ailleurs mal terminée. Puis il a eu des compagnons, comme le général Leclerc, Gaston Palewski, René Pleven ou Maurice Schumann. On pourrait cependant citer tout au plus une dizaine de personnes auxquelles le général de Gaulle était lié hors de toute préoccupation politique.

En fait le de Gaulle intime apparaît surtout dans ses relations avec sa famille, sa fille Anne, et il vit là des sentiments franchement très traditionnels, très classiques. C'est un très bon père de famille, un très bon frère, un très bon beau-frère, un oncle chaleureux et affectueux, somme toute un bourgeois.

Je crois que la vie de De Gaulle est construite de manière triangulaire, avec bien entendu l'État au sommet de la pyramide, les deux autres bases étant la famille et l'art, l'expression historique et artistique de l'épopée gaullienne. L'intérêt de l'État français, le « de Gaulle-France et le France-de Gaulle » dominent tout, dès la petite enfance. Tous ceux qui le côtoient savent immédiatement qu'il aura un grand destin. Mais il ne faut pas oublier les deux autres dimensions de sa vie. On dit que de Gaulle se confond avec l'État, Malraux a même écrit : « Il y a de Gaulle, il n'y a pas Charles. » Je pense que ce n'est pas tout à fait exact : il y a aussi Charles, l'auteur des *Mémoires de guerre.*

Lors des grandes décisions de la vie du général de Gaulle, par exemple le départ de janvier 1946, on constate qu'il part s'enfermer à Antibes, pour décider s'il doit rester ou partir. Il n'a emmené que deux personnes, son frère Pierre et son beau-frère Vendroux. Il a donc fondé une des dix décisions importantes de sa vie sur sa famille. C'est un aspect de sa personnalité qui est mal connu.

Pour revenir à mon travail de biographe, concernant de Gaulle, j'ai d'abord constaté une inadéquation : autant j'étais dans un état d'empathie complète avec Mauriac, Blum ou Mendès France, autant avec le général de Gaulle ce n'était pas le cas. Au fur et à mesure j'ai été cependant saisi par la grandeur, la puissance de son talent et j'ai fini par m'éprendre de lui, tout en gardant beaucoup de réserve. Je suis parti avec distance et j'ai abouti à un mélange d'admiration et de réserve.

UN GRAND ARTISTE DE L'HISTOIRE

Parmi les témoins que j'ai interrogés peu ont parlé avec passion du personnage de De Gaulle, ce qui l'emportait, c'était la sérénité. Il est vrai que je n'ai pas voulu rencontrer certains protagonistes, comme Isorni. Lui aurait certainement parlé avec passion. Je n'ai pas vu non plus Tixier-Vignancour, mais j'irai peut-être le voir à la fin de mon livre. Au fond on constate désormais une sorte de consensus autour du Général. Cela correspond aussi à l'idée qu'il se faisait d'une unanimité nécessaire autour de lui. Il lui semblait tout à fait naturel que 99,9 % des Français soient gaullistes. Il postulait l'unanimité et lorsque les résultats électoraux n'étaient pas là, il en était chaque fois choqué. Il avait une conception plébiscitaire de la politique.

Le plus important pour moi est en tout cas que de Gaulle est un grand artiste. Aux grands artistes on ne demande pas toujours une parfaite morale, on ne demande pas par exemple à Chateaubriand de ne pas mentir. De Gaulle est un grand artiste de l'histoire, qui la sculpte par ses gestes, et en rend compte ensuite superbement dans ses écrits. Enfin, c'est un des grands orateurs du XXe siècle, un des hommes qui ont fait basculer les choses par leur discours. De Gaulle a en quelque sorte fait l'économie de la morale et laïcisé la politique. Du coup pour lui, la religion n'est ni un secret, ni une affaire conventionnelle. Je crois que la religion de De Gaulle suppose que les curés ne se mêlent pas de la politique, le cléricalisme lui répugnait. Ce qui ne l'empêche pas d'être un chrétien très affiché, qui va jusqu'à communier en public à la cathédrale de Varsovie. Il allait beaucoup à la messe, ne la manquait jamais, avec ce côté catholique du dimanche, foi du charbonnier. Mais il y a beaucoup plus que cela : dans sa correspondance, dès qu'il s'agit de la mort de quelqu'un, les textes sont très chrétiens, comme au XVIIe siècle et les références à Bossuet sont constantes. C'est alors un christianisme qui ne peut pas être le mien, je préfère Fénelon à Bossuet. Reste que pour de Gaulle, qui est plus claudélien que mauriacien, le Tout-Puissant et la lumière éternelle existent. Il y a une lettre à Mauriac qui est vraiment écrite sous la lumière du Père, celle qu'aurait pu écrire un supérieur des carmélites. J'ai été très surpris en regardant ces lettres de plus près, de découvrir un homme plus chrétien que je ne le croyais. Son catholicisme n'est pas de convention, il ne sert pas à éviter une crise de la foi. La profondeur de cette spiritualité de De Gaulle m'impressionne beaucoup, elle fait référence à une grande tradition spirituelle.

Écrivant une biographie de De Gaulle j'avais un peu l'impression d'être un promeneur dans la vallée regardant le sommet du Canigou. Une fois pour toutes je n'ai aucun rapport avec l'altitude en question. J'ai cité dans mon deuxième livre la phrase de De Gaulle à propos du premier livre que je lui avais consacré : « Ce monsieur n'a pas pris la dimension du personnage. » Je sais que je ne prendrai jamais la dimension du personnage.

propos recueillis par
JEAN-LUC PINARD-LEGRY

SÉRIE MUTATIONS

N. 3	Finie, la famille ?	80 F
N. 7	La fête, cette hantise	65 F
N. 10	Dans la ville, des enfants	80 F
N. 15	Panseurs de douleurs	89 F
N. 20	Si chacun créait son emploi ?	60 F
N. 21	Jeunes 16/25 ans cherchent	60 F
N. 26	La santé à bras-le-corps	60 F
N. 29	Les révolutions minuscules	60 F
N. 30	L'explosion du biologique	60 F
N. 37	Informatique, matin, midi et soir !	70 F
N. 40	Sauve qui peut, la crise ?	55 F
N. 42	On le met dans le « privé » ?	55 F
N. 43	Thérapies de l'âme	95 F
N. 45	Passions de joueurs	55 F
N. 50	Avoir 20 ans et entreprendre	60 F
N. 51	Fous de danse	70 F
N. 53	La pub	95 F
N. 55	La bombe	99 F
N. 56	Animal mon amour !	65 F
N. 57	Intelligence, intelligences...	95 F
N. 59	Les héros de l'économie	70 F
N. 61	Père et Fils	95 F
N. 67	École Plus	149 F
N. 68	Les Médecins	95 F
N. 69	Écrire aujourd'hui	70 F
N. 70	Acteurs	89 F
N. 71	Opéra	89 F
N. 72	Objectif bébé	95 F
N. 73	Armes	80 F
N. 74	Technopolis	75 F
N. 75	La scène catholique	75 F
N. 76	L'ère du faux	95 F
N. 77	L'espace superstar	80 F
N. 78	La culture des camarades	80 F
N. 79	Europe-Hollywood et Retour	80 F
N. 80	L'Amour foot	80 F
N. 81	L'intime	95 F
N. 82	La science et ses doubles	80 F
N. 83	Villes en guerre	80 F
N. 84	Création d'images	80 F
N. 85	Autres médecines, autres mœurs	95 F
N. 86	L'Excellence	89 F
N. 87	La mort à vivre	95 F
N. 88	Passion du passé	80 F
N. 90	La Mère	95 F
N. 91	Fatale beauté	89 F
N. 92	Odeurs	89 F
N. 93	L'éthique corps et âme	80 F
N. 94	La délation	80 F
N. 95	Islam	95 F
N. 96	Abandon et adoption	89 F
N. 97	L'enfant lecteur	95 F
N. 98	Faits divers	85 F
N. 99	L'orchestre	95 F
N.100	Le culte de l'entreprise	89 F
N.102	À quoi pensent les philosophes ?	89 F
N.103	L'ère des médiums	89 F
N.104	Obsession sécurité	89 F
N.105	Mariage, Mariages	89 F
N.106	L'Esprit des drogues	89 F
N.107	Dimanche	89 F
N.108	Nourritures	89 F
N.109	L'Hôpital à vif	89 F
N.110	Demain, un emploi ?	89 F
N.111	Les Vacances	89 F
N.112	Des sœurs, des frères	89 F
N.113	Info-révolution	149 F
N.114	La maternelle	95 F
N.115	Hauts lieux	89 F
N.116	Habiter, habité	89 F
N.117	Œdipe et neurones	89 F
N.118	École et entreprises	95 F
N.119	Dormir	95 F
N.120	Le défi bioéthique	95 F

SÉRIE MONDE

EUROPE		
HS.38	Andalousie	95 F
	Barcelone Création	149 F
HS.01	Berlin	95 F
HS.34	Budapest	95 F
HS.44	Campagne anglaise	89 F
HS.33	Écosse	95 F
HS.51	Europe centrale	95 F
HS.39	Grèce	89 F
HS.23	Irlande	95 F
HS.29	Istanbul	95 F
HS.30	Lisbonne	95 F
HS.06	Londres	95 F
	Londres Création	120 F
HS.24	Madrid	95 F
HS.36	Marseille	89 F
HS.40	Moscou	89 F
HS.19	Munich	95 F
	Paris Arts on Seine	140 F
	Paris Création	140 F
	Paris en Marche	98 F
HS.50	Pays baltes	95 F
HS.47	Pologne	89 F
HS.46	Prague	89 F
HS.F2	Riviera	85 F
HS.32	Rome	95 F
HS.25	Des Villes en Suisse	95 F
HS.31	Toscane	95 F
HS.14	Venise	95 F
AMÉRIQUES		
HS.49	Amazonie	95 F
HS.41	Antilles	95 F
N.44	Brésil	95 F
HS.22	Buenos Aires	95 F
N.31	Californie	95 F
HS.35	Cuba	95 F
HS.18	Mexico	95 F
N.39	New York	95 F
	New York Création	99 F
HS.20	Texas	85 F
HS.42	Rio de Janeiro	89 F
ASIE/PROCHE-ORIENT		
HS.52	Bornéo	95 F
HS.28	Himalayas	95 F
HS.03	Hong Kong	95 F
HS.13	Inde	95 F
HS.04	Jérusalem	95 F
HS.17	Pékin	89 F
HS.26	Shanghaï	89 F
HS.27	Téhéran	89 F
HS.08	Tokyo	95 F
HS.43	Thaïlande	89 F
HS.16	Transsibéries	95 F
AFRIQUE		
HS.45	Afrique australe	119 F
HS.15	Afrique du Sud	95 F
N.38	Algérie	95 F
HS.09	Capitales de la couleur	89 F
HS.21	Corne de l'Afrique	89 F
HS.05	Désert	95 F
HS.12	Le Caire	95 F
HS.48	Maroc	89 F
HS.11	Marrakech	95 F
OCÉANIE/PACIFIQUE		
HS.07	Australie	95 F
HS.37	Australie Noire : les Aborigènes	89 F

Directeur de la publication : Henry Dougier, revue publiée par Autrement
Comm. par. 55778. Corlet, Imp. S.A., 14110 Condé-sur-Noireau. N° 390.
Précédent dépôt : février 1989 - Dépôt légal : février 1991
ISBN : 2-86260-168-3 - ISSN : 0751-0144. *Imprimé en France*

Abonnements au 1er janvier 1991 : L'abonnement peut être souscrit auprès de votre libraire, ou directement aux Éditions Autrement, 4, rue d'Enghien, 75010 Paris, (CCP Paris 1-198-50-C). Le montant de l'abonnement doit être joint à la commande. Un délai d'un mois est nécessaire pour la mise en place de l'abonnement, plus le délai d'acheminement. Pour tout changement d'adresse, veuillez nous prévenir avant le 15 du mois et nous joindre la dernière étiquette d'envoi. Un abonnement commence avec le numéro du mois. Tarifs par série : « Monde », (7 N°/an) : 530 F, (étranger : 600 F). « Mutations », (7 N°/an) : 530 F, (étranger : 600 F). « Mémoires », (7 N°/an) : 650 F, (étranger : 770 F). « Morales », (4 N°/an) : 315 F, (étranger : 370 F). **Vente en librairie exclusivement. — Diffusion/distribution** : Éditions du Seuil.